Peter Horn

Benedikt und die
Schmetterlingsmenschen

Peter Horn wurde 1964 in Krems an der Donau in Niederösterreich geboren. Er studierte Anglistik und Geschichte an der Universität Wien und absolvierte auch die Ausbildung zum Schulbibliothekar. Neben seiner Arbeit als Lehrer schreibt er Bücher für Kinder, Jugendliche und Erwachsene. Von Peter Horn sind mehr als dreißig Bücher erschienen, darunter die Reiseerzählungen *Licht zwischen*  *Schatten* (Literaturedition NÖ), die zwölfbändige Kinderbuchreihe *Florian und die Geisterwelt* (Bastei Verlag) und der Jugendroman *Feuernebel* (Fischer Schatzinsel). Seine Bilderbücher *Weißt du, was ich werden will?* und *Wozu ist ein Papa da?* (beide NordSüd Verlag) wurden in zwölf Sprachen übersetzt. Eine Neuauflage von *Wozu ist ein Papa da?* mit neuen Illustrationen von Jessica Meserve erschien im August 2024 und unter dem Titel *The Best Daddy of All* im Frühjahr 2025 bei NorthSouth Books, New York.

Folgende Bücher von Peter Horn sind als überarbeitete Neuauflagen erhältlich:
Die Seilbahn zum Mond (Vorlesebuch und zum ersten Selbstlesen)
Benedikt und die Schetterlingsmenschen (Kinderbuch ab acht Jahren)
Das Alien unter der Kappe (Kinderbuch ab acht Jahren)
Feuernebel (Jugendroman ab 13 Jahren)

Weitere Informationen und Leseproben: www.peterhorn.at

Peter Horn

Benedikt und die Schmetterlingsmenschen

Mit Illustrationen
von Claudia Kupfer

Überabeitete Neuauflage Oktober 2024

Originalausgabe September 2000

Alle Rechte liegen beim Autor.

Gestaltung: Peter Schnaubelt

Lektorat: Michaela Adelhofer, Brigitta Schnaubelt

Cover: Autorenservice Gorischek, Gratkorn

Illustrationen: Claudia Kupfer

© 2024 Peter Horn

Verlag: BoD • Books on Demand GmbH, In de Tarpen 42,
22848 Norderstedt

Druck: Libri Plureos GmbH, Friedensallee 273, 22763 Hamburg

ISBN: 978-3-7597-7709-6

Inhalt

Benedikt, der Kleinste

Diese Geschichte handelt von Benedikt, als er fast zehn Jahre alt war. Solange Benedikt zurückdenken konnte, war er immer der Kleinste und Dünnste. Schon im Kindergarten. Die anderen Kinder waren größer und kräftiger. Wenn sie ein Spielzeug wollten, mit dem Benedikt gerade spielte, war es klar, wer es kriegte. Als er in die Schule kam, wuchs Benedikt ein ganzes Stück. Aber die anderen Kinder wuchsen noch mehr. So war Benedikt wieder der Kleinste und Dünnste in der Klasse. In der zweiten Klasse war es so, dass die meisten Erstklassler größer waren als Benedikt. Es kam schon vor, dass so ein Schulanfänger Benedikt auf dem Pausenhof auslachte und ihn „Zwerg" oder „Winzling" nannte. Das traf Benedikt dann besonders. Und er wurde immer trauriger. Denn Freunde hatte er keine. Mit einem, den schon die Erstklassler verspotteten, wollte niemand befreundet sein.

So nahm er sich eines Tages ein Herz und erzählte seinem Papa vom Spott der Kinder. Aber der war auch keine echte Hilfe.

„Du bist nicht zu dünn", sagte Papa. „Du bist grade richtig. Und wachsen wirst du schon noch. Pass auf: Eines Tages machst du einen Schub, dass die anderen Kinder aus den Socken kippen."

Doch da war sich Benedikt nicht so sicher. Sein Papa war nämlich auch nicht gerade ein Riese. Aber zu dünn war er nicht. Er hatte eine Glatze, in der sich die Sonne spiegelte, und einen Krausebart, in dem sich beim Essen manchmal die Brotkrümel verfingen. Und er aß so gern, dass er ein kleines rundes Bäuchlein vor sich hertrug.

Das hatte auch mit seinem Beruf zu tun. Benedikts Papa verfasste Kochbücher. Das waren ganz spezielle Kochbücher. Sie waren für Leute, die gern abnehmen wollten. Benedikts Papa züchtete im Garten hinterm Haus massenhaft Obst, Gemüse und feine Gewürze. Mit diesen Zutaten dachte er sich dann neue Rezepte aus. Diese Rezepte probierte er aus und kostete ständig beim Kochen. Deshalb nahm er selbst nicht ab, sondern zu.

Jeden Tag fragte Papa Benedikt, was er sich denn zum Mittagessen wünschte. Und das kochte er dann für ihn. Er kochte ziemlich lecker und Benedikt fand auch, dass er gar nicht so wenig aß. Deshalb keimte in ihm immer wieder doch die Hoffnung auf, bald nicht mehr der Kleinste und Dünnste in der Klasse zu sein. Das war wieder einmal der Fall, als Benedikt in die dritte Klasse ging und die Schuluntersuchung vor der Tür stand.

Die Schuluntersuchung

Das war an einem brütend heißen Junitag und eigentlich nahm die Geschichte damals ihren Anfang. Den ganzen Monat schon herrschten Temperaturen wie üblicherweise nur im Hochsommer. Du hast dieses Wetter sicher schon einmal erlebt: Nicht das mickrigste Wölkchen war zu sehen. Von früh bis spät brannte die Sonne vom strahlend blauen Himmel. Der Asphalt war so heiß, daß man auf den Gehsteigen nicht barfuß gehen konnte. Die Luft flimmerte wie über den Sanddünen der Wüste.

An diesem Tag kam der Arzt in die Schule. Er wollte die Schüler der dritten und vierten Klassen untersuchen. Der Doktor sah aus, als würde ihn gleich der Hitzschlag treffen. Über sein dreifaches Kinn und die dicken Wangen lief ihm der Schweiß hinunter. Sein Gesicht war rot wie Ketchup. Er saß in seinem Drehsessel wie eine riesige Tomate, die jeden Moment zu zerplatzen drohte.

„Macht schon, macht schon, Buben!" Der Schularzt brachte nicht mehr als ein schlaffes Winken zustande. „Das Wiegen und das Abmessen. Ihr wisst doch, wie das geht."

Es gab ein großes Gejohle. Einige Jungen zogen den Mitschülern die Shirts über den Kopf. Andere kniffen sich gegenseitig. Sie hatten eine Menge Spaß.

Nur Benedikt stand ein Stück abseits und sah den anderen zu. Für ihn als Kleinsten und Dünnsten waren die Schuluntersuchungen immer ein ziemlicher Alptraum. Wenn er wieder einmal kaum gewachsen war und nichts zugenommen hatte, lachten die anderen Jungen noch mehr über ihn als sonst. Vor einiger Zeit hatten sie sich sogar neue Spitznamen für ihn ausgedacht. „Knochengeripp" nannten sie ihn jetzt mit Vorliebe. Oder „Rippe". Oder „Knochi". Du kannst dir vorstellen, dass es für Benedikt nicht sonderlich angenehm war, so gerufen zu werden.

Aber diesmal war es anders gewesen. Benedikt hatte dieser Untersuchung geradezu entgegengefiebert. Denn er hatte in den letzten Wochen so viel gegessen, wie er nur konnte. Außerdem bildete er sich ein, daß ihm die Beine seiner Hosen schon fast zu kurz waren. Er hätte schwören können, daß er ein ganzes Stück gewachsen war. Er war sich ganz sicher, daß er diesmal nicht mehr der Kleinste und der Dünnste sein würde.

So konnte er es kaum mehr erwarten, bis er an der Reihe war. Ungeduldig stieg er von einem Fuß auf den anderen.

„Was ist denn?", rief einer der Mitschüler. „Musst du aufs Klo?"

Doch Benedikt beachtete ihn nicht. Endlich stand er auf der Waage. Und schlagartig wurde ihm übel, als hätte er etwas Verdorbenes gegessen. Weil Benedikt nichts sagte, kriegten die anderen Jungen natürlich mit, dass da etwas nicht stimmte. Es wurde totenstill im Ärztezimmer. Alle Blicke waren auf Benedikt gerichtet.

Wie er mit seiner Hühnerbrust auf der Waage stand und ihm die Boxer-Shorts um die Storchenbeine flatterten. Wie er herumtänzelte, als müsste er jetzt wirklich dringend aufs Klo.

Wie er mit seinen knochigen Armen wild in der Luft umherwedelte, als wollte er einen unsichtbaren Bienenschwarm vertreiben.

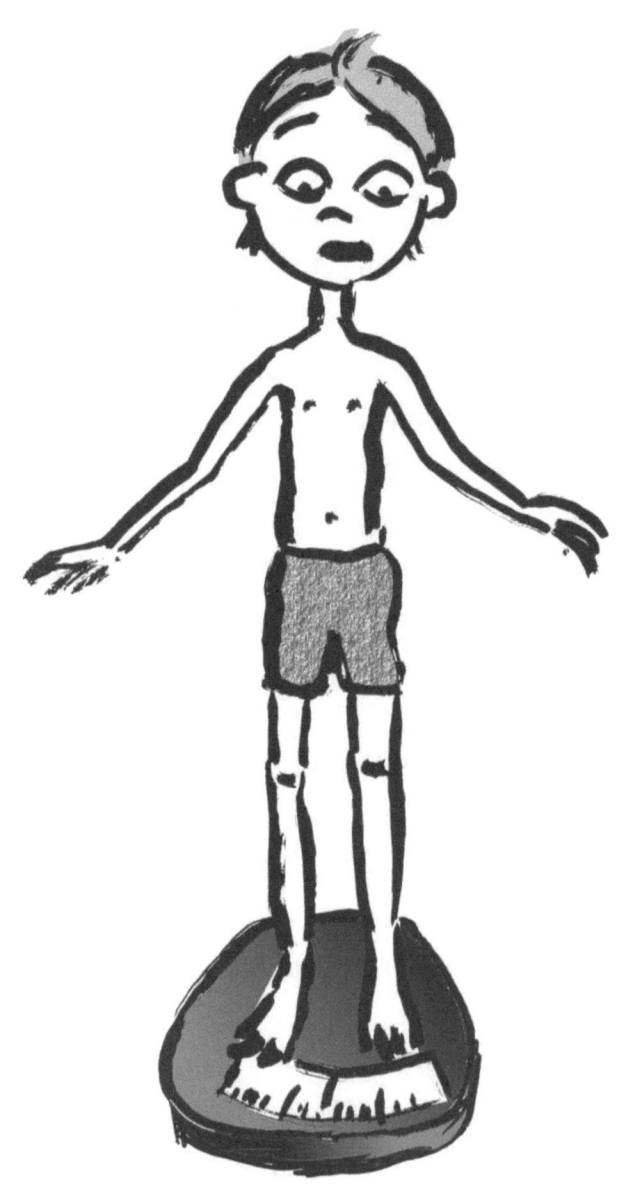

. Wie er sich die kurzen blonden Haare raufte, wie ihm die Verzweiflung ins sommersprossige Gesicht geschrieben stand.

Benedikt starrte die Anzeige der Waage an. Das konnte doch nicht wahr sein! Das *durfte* nicht wahr sein! Er hatte nicht zugenommen. Ganz im Gegenteil: Seit der letzten Schuluntersuchung hatte er ein Kilo *abgenommen*!

„Also?" fragte der Arzt müde. „Du musst ganz ruhig stehen! Sonst funktioniert das nicht!"

Benedikt versuchte, etwas zu sagen. Aber im ersten Moment brachte er nur ein klägliches Krächzen heraus.

„Na, Knochi? Was ist los? Hat's dir die Sprache verschlagen?"

Benedikt hatte den Kopf gesenkt. Diese höhnische Stimme: Das konnte nur der Sascha sein. Ich bin sicher, du kennst diesen Typ. Sascha war ein Junge, so groß wie ein Vierzehnjähriger. Dazu war er echt dick. Doch niemand traute sich, ihn deswegen auszuspotten.

Der Sascha war stark wie sonst keiner in der Klasse. Er war keiner, der ausgespottet wurde. Er war einer, der andere ausspottete. Und eines seiner liebsten Opfer war Benedikt.

Auch jetzt stand Sascha breitbeinig da und musterte Benedikt mit herablassendem Blick. Er überragte die anderen Jungen um mindestens einen Kopf. Er hatte die dicken Arme vor der Brust verschränkt.

Sascha gab ein wieherndes Lachen von sich. „Glaubst du, dass dir über Nacht tolle Muckis gewachsen sind?"

Statt Sascha zu antworten, wandte sich Benedikt an den Schularzt. „Könnte ..."

Benedikt räusperte sich mehrmals. Sein Herz klopfte so schnell, dass er gar nicht ordentlich sprechen konnte. Aber er versuchte es erneut.

„Könnte es sein", sagte er, „dass mit der Waage etwas nicht stimmt?"

Anstelle einer Antwort zog der Arzt eine Augenbraue in die Höhe.

Benedikt probierte es nochmals. „Dass sie ... nicht richtig eingestellt ist?"

„Junger Mann ..."

Benedikt merkte, dass der Arzt allmählich die Geduld zu verlieren begann.

„Junger Mann", wiederholte der Arzt. „Es hat eine Affenhitze, falls dir das noch nicht aufgefallen ist. Ich hab keine Nerven, jetzt mit dir über diese Waage zu diskutieren. Würdest du also die Güte haben und mir jetzt sagen, wie schwer du bist!"

Benedikts Ohren glühten, als hätten sie Feuer gefangen. Er war so enttäuscht, so wütend! Du wirst wohl verstehen, dass er in diesem Moment am liebsten im Erdboden versunken wäre.

Benedikt spürte, wie seine Augen feucht wurden. Er wusste, dass er die Tränen jetzt gleich nicht mehr zurückhalten konnte. Aber um nichts in der Welt wollte er vor den anderen als Heulsuse dastehen.

So sagte er nichts mehr. Er sprang von der Waage. Raffte seine Hose, das Shirt und die Schuhe zusammen.

Drängte sich durch die Mauer der anderen Jungen.

Und rannte aus dem Zimmer.

Eine böse Überraschung

Benedikt zog sich in einer Kabine des Schulklos seine Sachen an. Noch immer kämpfte er dabei mit den Tränen. Er beschloß, nicht mehr ins Klassenzimmer zurückzugehen. Er würde an diesem Nachmittag eben keine Hausaufgaben machen. Dann brauchte er auch seine Schultasche mit den Heften und Büchern nicht zu holen. Er wollte nicht riskieren, mit einem seiner Klassenkameraden zusammenzutreffen. Er genierte sich einfach zu sehr.

Benedikt huschte zur Klotür. Er öffnete sie einen Spalt und spähte hinaus. Der Gang, der zur Eingangshalle führte, lag düster und leer vor ihm. Benedikt warf einen Blick auf die Uhr. In fünf Minuten würde es zur Pause läuten. Die Zeit drängte, er musste sich beeilen! Er musste sehen, dass er so rasch wie möglich aus der Schule hinauskam.

Er flitzte los. Fast lautlos lief er über den glatten Steinboden. Und einen Moment später war er bereits aus dem Tor. Er blinzelte, als er ins helle Licht der Sonne trat. Er beschattete die Augen mit der flachen Hand und blickte sich um. Und dann erlebte er eine bitterböse Überraschung.

Er wurde nämlich schon erwartet. Und zwar von jemandem, den er lieber nicht getroffen hätte.

Von Sascha mit seinem gemeinen Grinsen, seinen dicken Oberarmen und den Stiefeln, mit denen er immer so gern nach Kleineren trat.

Benedikt war es ein Rätsel, wie Sascha so schnell hierhergekommen war. Er war wohl auch nicht in die Klasse zurückgegangen. Na klar, dachte Benedikt. Mit sowas wie Schultasche und Hausaufgaben gab sich der ja meist nicht ab.

Aber jetzt war eindeutig nicht die Zeit, sich darüber den Kopf zu zerbrechen.

Tatsache war, daß Sascha schon auf Benedikt wartete. Und zwar nicht, um mit ihm die Friedenspfeife zu rauchen.

Er trat aus dem Schatten des riesigen Kastanienbaums gegenüber dem Schulgebäude. Er sagte kein Wort. Aber er hatte seine Fäuste geballt. Und sein Blick signalisierte Benedikt: Mit mir ist nicht gut Kirschen essen!

Jetzt überquerte Sascha gerade die Straße. Er ging ganz langsam. Wie ein Westernbösewicht beim Duell mit dem Sherrif.

Er kam auf Benedikt zu.

Er grinste ihn an und ließ dabei seine Muskeln spielen.

Er versuchte ihn so richtig einzuschüchtern. Und hatte vollen Erfolg damit.

Nun stand Sascha direkt vor Benedikt. „Jetzt geht's dir schlecht!", verkündete er. „Du Hosenscheißer, du kleiner."

Kein Wunder, dass Benedikt trotz der Schwitzhitze eine Gänsehaut hatte. Angst schnürte ihm die Kehle zu. Nicht einmal für eine Sekunde kam ihm der Gedanke, sich mit Sascha anzulegen. Es gab keinen in seiner Klasse, der sich das getraut hätte.

Wie eine Maus saß Benedikt in der Falle.

Er blickte nach links, er blickte nach rechts. Aber es war Mittag und niemand war unterwegs. Die Straße war wie leergefegt. Niemand war zu sehen, der ihm zu Hilfe kommen konnte.

Was sollte er nur machen?

Eine Verfolgungsjagd

Benedikt tat das einzig Mögliche: Er sprang die Treppe zum Schultor hinunter. Wandte sich einfach nach rechts. Und wetzte los, so schnell er nur konnte.

Wenn es ums Laufen ging, war Benedikt dem Sascha gegenüber im Vorteil. Mit seinem geringen Gewicht konnte er so schnell laufen wie sonst niemand, den er kannte. Beim Fußballspielen, Bockspringen oder ähnlichen Sportarten war Benedikt alles andere als eine Leuchte. Anders ausgedrückt: Er war darin eine absolute Niete.

Nur bei Wettrennen war das anders: Die gewann er alle, ohne sich dabei groß anstrengen zu müssen.

Und auch jetzt fegte er wie ein frischer Windstoß durch die schwüle Luft. Er lief an der Fassade des Schulgebäudes entlang und bog in die erste Seitenstraße ein.

Aber Sascha war ihm dicht auf den Fersen. Und es war wie verhext.

Welche Haken Benedikt auch schlug ...

Wie viele Sprints er auch hinlegte ...

Es wollte ihm einfach nicht gelingen, seinen Verfolger abzuhängen.

Benedikt japste schon nach Luft wie ein Fisch auf dem Trockenen. Er hatte fürchterliches Seitenstechen. Ihm war klar, daß er diese Geschwindigkeit nicht mehr länger durchhalten würde. Wenn ich doch bloß meine Roller-Skates mithätte, dachte er. Mit denen wäre ich unschlagbar!

Doch Benedikt zog immer nur nachmittags mit den Skates

los. In die Schule nahm er sie nicht mit. Er fürchtete nämlich, dass sie ihm Jungen wie Sacha wegnehmen könnten. So war Benedikt aufs Laufen angewiesen.

Und trotz des Seitenstechens rannte er wie noch nie in seinem Leben.

Auf einmal stolperte er. Er ruderte mit den Armen in der Luft herum, um sein Gleichgewicht wiederzuerlangen. Aber vergebens! Schon schrammte sein rechtes Knie über den Asphalt.

Au, das tat weh! Benedikt sah, dass Blut sein Bein hinunterlief.

Er rappelte sich wieder auf und warf einen Blick über die Schulter. Mit hochrotem Schweißgesicht kam sein Verfolger näher und immer näher. Benedikt musste sich nach einem geeigneten Versteck umsehen. Und zwar schnell. Sonst hatte ihn Sascha. Und dann war's um ihn geschehen ...

Benedikt bog um eine Ecke. Er befand sich nun in einer Allee aus mächtigen alten Kastanienbäumen. Da fiel ihm zu seiner Linken ein hohes schmiedeeisernes Tor auf. Das war wohl der Eingang zu einer der alten Villen, die es in diesem Viertel gab. Sie waren alle von großen, beinahe parkartigen Gärten umgeben. Benedikt sah einen Hoffnungsschimmer: Vielleicht konnte er sich hier irgendwo verstecken!

Er wusste von früheren Streifzügen durch die Gegend, daß die Tore zu diesen Anwesen meist abgeschlossen waren. Aber Benedikt hatte keine andere Wahl. Und so versuchte er sein Glück. Er drückte die Klinke nach unten und stemmte sich mit der Schulter gegen den schweren, eisernen Torflügel. Zu seinem Erstaunen schwang dieser mit einem leisen Knarren auf.

Dann ging alles unglaublich schnell. Benedikt schlüpft durch das Tor. Rasch zog er es wieder hinter sich zu. Er sprang hinter ein paar hohe Fliederbüsche, die ganz in der Nähe standen. Dort kauerte er sich auf den Boden. Und schon im nächsten Augenblick konnte er hören, wie sein Verfolger am Gartentor vorüberpolterte.

Benedikt wischte sich den Schweiß von der Stirn und atmete ein paarmal tief durch. Das Herz klopfte ihm immer noch bis zum Hals. Aber anscheinend hatte er's geschafft: Es war ihm gelungen, Sascha zu täuschen.

Er erhob sich und schaute sich zum ersten Mal richtig um. Da fielen ihm fast die Augen aus dem Kopf. Und ein kalter Schauer lief ihm über den Rücken.

Denn mit einemmal erkannte er, wo er sich befand. Und das war wahrlich nicht zum Lachen.

Hinter den Büschen und Bäumen sah er Teile eines riesigen, dunklen Gebäudes. Eines Gebäudes, in das Benedikt freiwillig keinen Fuß gesetzt hätte.

Denn unter den Kindern der kleinen Stadt hieß es, dass es hier spukte.

Und Benedikt griff sich an die Stirn: Von allen Orten in diesem Villenviertel war er gerade in den Garten des Gruselhauses geraten!

Stimmen

Hast du dich auch schon einmal so gefühlt: Dass du geglaubt hast, das Herz müsste dir vor Angst zerspringen? Vielleicht wenn du mitten in der Nacht aufgewacht bist und es in deinem Zimmer stockdunkel war? Wenn du für ein paar Momente gedacht hast, finstere Nachthexen reiten unter der Zimmerdecke auf ihren Besen? Und ekelige Gruselmonster mit gelben Leuchtaugen und spitzen Fangzähnen lauern unter deinem Bett auf dich?

So ähnlich erging es Benedikt, als er feststellte, dass er im Garten des Spukhauses gelandet war. Die Geschichten, die sich die Kinder der kleinen Stadt über die Villa erzählten, waren auch wirklich zum Fürchten. Von schaurigen Stimmen war darin die Rede, die nächtens durch das Haus und den Garten hallten. Von flackerndem Feuerschein, der in den Fenstern loderte. Und von buckeligen Vampirgestalten, die auf der Suche nach Blut durch die Dunkelheit streiften.

Benedikt hatte Papa darüber befragt.

„Solche Geschichten sind doch nur erfunden", hatte dieser ihm versichert. „Die Villa ist ein ganz normales Haus. Und ihre Bewohner sind ganz normale Leute. Ich kenne sie zwar nicht. Aber da bin ich mir ganz sicher."

Benedikt wusste, dass ihn Papa nie anlügen würden. Er war immer ehrlich zu ihm. Doch als er jetzt aus seinem Versteck hinter den Fliederbüschen hervorkam, hatte er doch butterweiche Schlotterknie. Was, wenn an den Gerüchten über das Gruselhaus doch etwas dran war? Wenn die Vampire bereits auf

Benedikt lauerten? Wenn sie sich auf ihn stürzen und ihn in den schwärzesten Kellerkerker ihrer Villa zerren würden?

Allein beim Gedanken daran schüttelte sich Benedikt. Diese Vorstellung war zwar ziemlich unwahrscheinlich. Aber er wollte lieber nichts riskieren. Er las zwar gern Spukgeschichten und sah sich spannende Filme an, wann immer Papa es ihm erlaubte. Doch für seinen Wagemut war er nicht gerade bekannt. Zum Helden war er einfach nicht geboren. Deshalb würde er sich aus dem Staub machen, solange dies möglich war.

Benedikt wandte sich zum Gehen. Er hatte schon eine Hand auf die angerostete Klinke des Eisentores gelegt ...

Da stutzte er plötzlich. Täuschte er sich oder waren Stimmen zu hören? Benedikt legte den Kopf zur Seite und spitzte die Ohren.

Erst war da gar nichts. Benedikt dachte schon, dass er sich geirrt hätte. Aber dann: Tatsächlich! Stimmen. Rufe. Und ... ein helles, ausgelassenes, fröhliches Lachen.

Benedikt wunderte sich. Das passte so gar nicht zu dem, was er im Garten der Gruselvilla eigentlich erwartet hätte. Ein vampirisches Geseufze und Gestöhne, ein werwölfisches Knurren, ein skeletthaftes Knochenknacksen: Das hätte in seiner Vorstellung hierher gepasst. Aber frohes Kinderlachen?

In diesem Moment siegte bei Benedikt die Neugier über seine Ängstlichkeit.

Okay, sagte er sich. Ich *muss* einfach nachsehen. Ich *muss* wissen, was da los ist. Ich würde sonst die ganze Zeit daran denken. Ich würde glauben, daß ich einem Geheimnis auf die Spur gekommen wäre. Und dass ich es aus Feigheit verpasst habe.

So schlich er vorsichtig in die Richtung, aus der die Stimmen und das Lachen gekommen waren. Sein Herz klopfte wieder einmal wie verrückt. Er sprang von Busch zu Busch, duckte sich immer wieder und lauschte auf verdächtige Geräusche. Er kam sich vor wie ein Indianer auf dem Kriegspfad.

Als er so dahinkroch, streifte plötzlich etwas seinen Kopf. Erschrocken fuhr Benedikt auf. Er fuchtelte mit den Armen herum. Fast war ihm, als hätte er sich in einem Netz verfangen. Doch es war nichts. Keine Eingeborenen, die dem mutigen Afrikaforscher eine Falle gestellt hatten. Nur eine Hängematte, im Schatten zweier Bäume gespannt. Darauf lag eine Zeitung. Ein leeres Saftglas voll krabbeliger Ameisen stand daneben im Gras. Benedikt atmete auf und setzte seinen Weg durch den Garten fort.

Dieser war wirklich sehr groß. Die Bäume erschienen Benedikt so hoch, daß ihre Wipfel um ein Haar an die Wolken stießen. Sie sorgten für Kühle und Schatten. Und überall wucherten Unmengen von Unkraut, von dichtem Buschwerk und seltsamen Pflanzen. Benedikt brauchte sich keine Sorgen zu machen: Verstecke gab es hier zuhauf.

Benedikt war ziemlich bewandert, was Pflanzen betraf. Er wusste über sie Bescheid, weil Papa ständig davon redete. Papas großes Hobby war ja sein Garten. Dort wuchsen nicht nur das Obst und Gemüse, sondern auch alle möglichen Arten von Blumen und Stauden. Unter den Gewächsen hier im Garten der Gruselvilla aber entdeckte Benedikt viele, die er noch nie zuvor gesehen hatte.

Und so war es auch mit dem riesigen Strauch, vor dem Benedikt mit einemmal stand. An den Blättern und den länglichen, violetten Blüten erkannte er, dass es sich dabei wohl um einen Schmetterlingsflieder handelte.

Aber zwei Dinge stimmten damit ganz und gar nicht.

Denn zum einen reichte der Strauch bis weit über den zweiten Stock der Villa, die dunkeldüster dahinter aufragte. Benedikt schätzte ihn auf gut zehn Meter hoch. Das war zwar für den Sprungturm im Freibad normal. Für einen Schmetterlingsflieder war es aber eindeutig viel zu hoch.

Und zum anderen wusste Benedikt, dass diese Pflanzenart zwar den ganzen Sommer über blühte. Sie lockte die verschiedenartigsten Schmetterlinge an. Daher hatte sie auch ihren schönen Namen erhalten. Benedikt war sich jedoch ganz sicher: Dass der Strauch vor ihm jetzt im Juni in voller Blütenpracht stand, ging sicherlich nicht mit rechten Dingen zu.

Mit langsamen Schritten umrundete Benedikt den gigantischen Strauch. Er hatte den Kopf in den Nacken gelegt, damit er bis ganz zu seinem Wipfel hinaufsehen konnte. Dabei war er so von den riesigen Blüten fasziniert, dass ihm gar nicht auffiel, wie still es plötzlich geworden war.

Keine Stimmen, kein Lachen mehr. Nur das Summen der Bienen war zu hören.

Und was Benedikts Augen jetzt sahen, das *konnte* einfach nicht wahr sein. Auf dem Riesenstrauch saß ein Wesen wie aus einem besonders fantastischen Buch oder Film. Ein Wesen, das es im echten Leben ganz bestimmt nicht gab.

Und dieses Wesen blickte ihm jetzt direkt ins Gesicht.

„Sind Sie echt?"

„Verflixt und zugenäht", knurrt das seltsame Wesen. „Wer hat denn *schon wieder* das Tor offengelassen?"

Das Wesen erhielt keine Antwort. Benedikt glaubte immer noch zu träumen. Es war, als wäre er in eine dieser Zeichentrickserien geraten, die immer im Fernsehen liefen. In einen dieser Filme voll absonderlicher Weltraummonster und schauriger Gruselgespenster.

Solche Gedanken jagten durch sein Hirn. Und so bekam er kaum mit, was um ihn herum vorging. Vorhin, als er geschrien hatte, hatte er den Mund aufgerissen. Und vor Staunen hatte er vergessen, ihn wieder zu schließen. Nein, Benedikt sah wirklich nicht sehr intelligent aus, als er so dastand und das Wesen im Schmetterlingsflieder anstarrte.

Jetzt fragst du dich sicher schon, wie dieses Wesen denn ausgesehen hat. Auf den ersten Blick unterschied es sich nicht von einem normalen Menschen. Es war ein Mann so zwischen dreißig und vierzig. Genauer kann ich dir das nicht sagen. Benedikt hatte nämlich immer seine Probleme, wenn es darum ging, das Alter von Erwachsenen zu schätzen. Bei den ganz jungen und den ganz alten, da ging es ja gerade noch. Aber die dazwischen, die sahen für ihn irgendwie alle gleich aus.

Also ein Mann. Lange schwarze Haare mit Mittelscheitel. Hinten hatte er sie zu einem Roßschwanz gebunden. Ganz gerade Augenbrauen, die an den äußeren Enden einen kleinen Knick nach oben machten. Eine Nase, ein Mund mit roten Lippen, eine schlanke Gestalt in einem grünen T-Shirt und kurzen

28

braunen Hosen. Arme, Beine ... Es war alles da, was einen Menschen zum Menschen machte.

Das Problem bei dem Mann war auch nicht, dass ihm etwas *fehlte*. Ganz im Gegenteil!

Das Problem war, dass da etwas *zuviel* war!

Denn aus dem Rücken des Mannes wuchsen zwei riesengroße bunte Schmetterlingsflügel.

Sie waren so weit aufgespannt, wie es nur ging. Die Farben der Flügel waren prächtig. Sie waren tiefrot mit blauen, gelben und weißen Kringeln, Kreisen, Tupfen und Flecken. Die Ränder waren schwarz und braun.

Als Benedikt diese herrlichen, starken Flügel genauer betrachtete, kam ihm der Mann auf dem Strauch mit einemmal gar nicht mehr so gruselig vor. Ungewöhnlich und ein wenig unheimlich, das schon. Schließlich hatte er es noch nie mit einem Wesen wie diesem zu tun gehabt, mit einer Mischung aus Mensch und Schmetterling. Aber Benedikt hatte keine Angst mehr, dass ihm der Mann etwas antun könnte.

„Na, mein Junge? Hat's dir die Sprache verschlagen? Warum sagst du denn nichts?"

Da wurde Benedikt klar, dass sich schon seit geraumer Weile die Lippen des Mannes bewegt hatten. Er hatte wohl die ganze Zeit über mit ihm gesprochen, ihm Fragen gestellt. Benedikt hatte das in seiner verwirrten Verwunderung nicht einmal mitgekriegt.

„Was ...? Ich ..."

Benedikt konnte nur stammeln und dann versagte ihm schon wieder die Stimme.

Da kam Bewegung in das Wesen auf dem Strauch. Die Beine des Mannes waren auf komische Weise zwischen den buschigen Ästen des gigantischen Flieders eingehakt gewesen. Wahrscheinlich hatte er sich so in dieser luftigen Höhe gehalten. Nun aber zog der Mann die Beine unter den Blättern der Zweige hervor. Seine Schwingen schlugen nur ein einziges Mal. Dabei erzeugten sie ein Rauschen wie von einem kräftigen Windstoß im Wipfel eines alten Kastanienbaumes. Und wie ein Zauberer, der gerade seinen tollsten Trick vorführte, schwebte der Flügelmann ganz langsam und sacht zur Erde.

Im ersten Moment glaubte Benedikt, dass er sich über die Gutmütigkeit dieses Wesens geirrt hatte. Er erschrak, er schrie schon wieder auf und stolperte ein paar Schritte zurück. Erst als er mit dem Rücken gegen einen Baumstamm stieß, blieb er stehen.

„Was ist denn los mit dir?" Die Stimme des Mannes hatte keine Ähnlichkeit mehr mit dem Knurren von vorhin. Sie war tief und wohlklingend und irgendwie sehr freundlich. „Du wirst dich doch vor mir nicht fürchten?"

„Aber Sie ... " Benedikt brachte immer noch nichts Rechtes heraus.

„Ich kann mir schon denken, wie du in unseren Garten gekommen bist", sagte der Mann mit den Schmetterlingsflügeln. „Und wer dafür verantwortlich ist." Er hob die Stimme und rief: „Steffi! Komm aus deinem Versteck! Wir haben einen Gast! Und zwar deshalb, weil du schon wieder einmal das Tor nicht abgeschlossen hast!"

Benedikt räusperte sich. „Steffi?", fragte er.

Der Mann lächelte. „Ja, meine Tochter. Steffi Zitronenfalter. Sie hat mich mit dem Gartenschlauch nassgespritzt. Deshalb war ich ganz oben auf dem Strauch, als du gekommen bist. Ich habe meine Flügel von der Sonne trocknen lassen."

„Nassgespritzt ...?" Benedikt war noch immer ganz verdattert. „Trocknen ...?"

„Ja, so war es", meinte der Mann. „Ich war vorhin recht verärgert. Steffi lässt das Gartentor nämlich ständig offen. Wir haben nicht so gern Besuch. Doch bei einem so netten Jungen wie dir werden wir halt eine Ausnahme machen. Wie heißt du denn überhaupt?"

Benedikt nannte seinen Namen und der geflügelte Mann grinste gutmütig. „Ich hoffe nur, du hast dich nicht allzu sehr erschrocken", sagte er.

„Aber ..."

Allmählich hatte es Benedikt satt, nur Bahnhof zu verstehen. So viele Fragen brannten ihm schon längst auf der Zunge.

„Wer sind Sie denn?" sagte er. „Und *was* sind Sie? Und ..." Benedikt schluckte, bevor er weitersprach. „Und sind Sie eigentlich *echt*?"

Die Schmetterlingsmenschen

Der Mann lachte aus vollem Halse. Weil er dabei seine Flügel ein kleines bisschen bewegte, schlug er plötzlich einen Purzelbaum in der Luft.

„Hoppla!" rief er vergnügt. „Jetzt muß ich aber aufpassen! Sonst zisch ich aus Versehen noch bis zum Mond hoch!"

Gleich darauf wurde er aber wieder ernst. „Ich kann mir denken, dass du dich nicht ganz auskennst", sagte er. „Verzeih, dass ich mich noch nicht vorgestellt habe. Ich heiße Willibald Tagpfauenauge. Aber du brauchst nicht *Sie* zu mir sagen."

Er deutete eine leichte Verbeugung an und winkte Benedikt mit einem sachten Flügelflattern zu. Da erkannte der Junge die blau-gelb-schwarze Zeichnung auf jedem Flügel. Benedikt hatte von seinem naturbegeisterten Papa letzte Weihnachten ein Buch über Schmetterlinge bekommen. Daraus wusste er, dass diese Fleckenmuster typisch für Tagpfauenaugen waren. Und für eine Sekunde war ihm, als würden ihm die vier Flügelaugen freundlich zuzwinkern.

Da wies Willibald aber schon mit einer raschen Handbewegung hinter sich. „Ich wohne hier in diesem schönen Haus mit meiner Frau Amalie Schwalbenschwanz und meiner Tochter Steffi. Von der habe ich dir ja schon erzählt."

Willibald machte eine kurze Pause und strich sich übers Kinn. Für einen Moment schien er zu überlegen, ob er Benedikt auch wirklich *alles* sagen sollte. Aber es war wohl ohnehin bereits zu spät, um ihm noch etwas zu verheimlichen.

„Um auf deine Frage zurückzukommen", fuhr Willibald deshalb fort. „Ja, ich bin echt. Und meine Frau und die Steffi natürlich auch. Wir sind ein bisschen anders als die anderen Menschen. Wir gehören zur Familie der Schmetterlingsmenschen. Wir sind ziemlich selten. Es gibt nicht sehr viele von uns."

„Versteckt ihr euch deshalb?"

Willibald nickte. „Wir leben hier sehr abgeschieden. Die Menschen sind ja oft so komisch, wenn jemand anders ist als sie. Bei der Hautfarbe ist das oft so. Deshalb haben wir fast ein wenig ... Angst vor den Menschen. Wenn wir unter die Leute gehen, verstecken wir immer unsere Flügel unter einem weiten Mantel."

Willibald sah Benedikt tief in die Augen. „Aber ich bin mir sicher, auch Amalie und Steffi würden sich darüber freuen, deine Bekanntschaft zu machen." Er runzelte die Stirn und blickte sich suchend um. „Ich hab vorhin doch schon nach Steffi gerufen", sagte er. „Wo ist sie denn nur?"

Steffi und Amalie

Du musst wissen, dass Steffi Zitronenfalter und ihre Mutter Amalie Schwalbenschwanz das ganze Gespräch zwischen Benedikt und Willibald belauscht hatten. Als der Junge vorhin so urplötzlich im Garten aufgetaucht war, hatten sie flugs ihre Flügel ausgebreitet und sich auf das Dach der alten Villa in Sicherheit gebracht. Jeder von ihnen hatte sich hinter einem der gemauerten Schornsteine versteckt. Dort oben waren sie gesessen und hatten heimlich hinter den Rauchfängen hervorgespäht.

Jetzt, da Willibald so energisch nach ihnen rief, kamen sie aus ihrem Versteck hervor.

„Was ist denn, Vati?" Das war die helle Glockenstimme von Steffi Zitronenfalter.

Und: „Glaubst du wirklich, dass man diesem Kind trauen kann?" Eine Frauenstimme.

Benedikt konnte niemanden entdecken. Er wusste ja nicht, dass sich die beiden auf dem Dach vor ihm verborgen hatten.

Willibald deutete mit einer Hand nach oben. Benedikt blickte hoch, da sah er sie: zwei prächtige Falter in Menschengestalt. Über den höchsten Blüten des Schmetterlingsflieders hingen sie in der Luft.

Der größere der wunderschönen Falter hatte ein schwarzgelbes Muster auf den Flügeln. Ein paar blaue Kleckse waren auch dabei. An den hinteren Flügeln gab es kurze Schwänzchen, daneben je einen roten Augenfleck.

„Darf ich vorstellen", sagte Willibald: „Meine liebe Ehefrau Amalie."

„Sehr erfreut ..."

Das war alles, was Benedikt in diesem Moment einfiel. Und eins ums andere Mal glaubte er zu träumen. Das alles, dachte er, kann doch einfach nicht wahr sein!

„Naja ..." Das war die Schmetterlingsmenschendame. „Er sieht ja recht nett aus, dieser Junge ..."

Wie ein buntes Herbstblatt schwebte Amalie zu Boden und kam elegant vor Benedikt zu stehen. Sie streckte ihm eine Hand hin. Doch Benedikt hatte immer noch nur Augen für ihre herrlichen Flügel. So schnappte sie sich kurzerhand seine Rechte und schüttelte sie.

„Auch ich freue mich, dich kennenzulernen", sagte sie. „Es ist eine überaus angenehme Abwechslung, sich einmal mit einem Menschenkind unterhalten zu können."

Da erst blickte ihr Benedikt ins Gesicht. Amalie Schwalbenschwanz hatte leuchtend blaue Augen. Sie hatte feines hellbraunes Haar. Und sie hatte wunderschöne sanfte Gesichtszüge. Kurz und gut, Amalie kam Benedikt wie eine Märchenfee vor.

Aber dann doch auch wieder nur beim ersten Hinsehen. Denn Amalie trug die gleiche Kleidung wie ihr Mann. Und von einer Fee in kurzen Hosen und einem T-Shirt hatte Benedikt eigentlich noch nie gelesen oder gehört.

Auch Steffi Zitronenfalter trug diese Sachen. Zu ihr passten sie ganz ausgezeichnet. Denn das Mädchen glich nicht einmal auf den ersten Blick einer Fee. Es entsprach genau dem, was sich Benedikt immer unter einem Kobold vorgestellt hatte. Und ich denke, du hättest unserem Freund in dieser Hinsicht voll und ganz zugestimmt.

Denn Steffi, der kleine, grünlich-gelbe Zitronenfalter, sauste durch die Luft wie ein echter Wirbelwind. Dabei schlug sie so viele und so schnelle Purzelbäume, dass Benedikt Mühe hatte, ihr mit den Augen zu folgen.

Schließlich ließ sich Steffi zwischen Benedikt und ihren Eltern ins Gras plumpsen. Sie war ziemlich außer Atem, und ihre rötlichen Strubbelhaare standen ihr zu Berge. Aber sie strahlte übers ganze Gesicht und schaffte es keine Sekunde, ruhig zu bleiben. Sie sprang auf und von einem Bein aufs andere und klatschte dabei in die Hände. Dazu sang sie mit ihrer klaren Kinderstimme für Benedikt ein Begrüßungsliedchen:

„Das ist superspitzeganztollfein,
jetzt bin ich nicht mehr so allein.
Benedikt, ich grüße dich!
Mein Freund sollst du nun sein!"

Da schwirrte dem Buben der Kopf.

Und das Herz hüpfte ihm vor Freude in der Brust.

Hatte er denn tatsächlich richtige Freunde gefunden?

Noch nie im Leben hatte Benedikt so nette Leute getroffen wie diese wunderliche Familie von Schmetterlingsmenschen. Amalie und Willibald waren sehr freundlich zu ihrem jungen Gast. Ihre Tochter Steffi Zitronenfalter aber war für Benedikt der absolute Überhit.

Das Mädchen mit den gelben Flügeln war nämlich ein echter Clown. Steffi alberte die ganze Zeit herum. Aus dem Sitz flutschte sie immer wieder in die Luft. Dort zischte sie in einem wilden Zickzackkurs umher. Dabei sang und lachte sie in einem fort. Überall, wo sie hinkam, stoben die Vögel, die Bienen und selbst alle „normalen" Schmetterlinge voller Schreck auseinander.

Steffis Eltern verhielten sich nicht so wie es die meisten Erwachsenen an ihrer Stelle getan hätten. Sie wiesen Steffi nicht zurecht, sie nörgelten an ihr nicht herum. Sie befahlen ihr auch nicht, ruhiger zu sein und endlich einmal still zu sitzen. Hingegen betrachteten sie Steffis Kunststücke mit einem Lächeln, das zeigte, wie stolz sie auf ihre Tochter waren.

Die vier saßen im Gras direkt vor den Stufen, die zur Eingangstür der alten Villa hinaufführten. Und je länger Benedikt das Haus betrachtete, desto höher und gewaltiger kam es ihm vor.

Mit seinen unzähligen Türmchen und Giebeln erhob es sich zwischen den wuchernden Bäumen und Sträuchern des Gartens wie ein verwunschenes Schloss. Die Dachschindeln waren grau von Wind und Wetter, die zahllosen Fenster hatten bleigefasste Scheiben. Die Türen waren aus dicken, halb verwitterten Balken gezimmert und an den eisernen Schlössern und Riegeln nagte der Rost. An den steinernen Mauern rankten sich Efeu und Kletterrosen hoch. Auch sie passten zu dem Eindruck eines Gebäudes wie aus einem Märchenfilm.

Dass sich viele Kinder erzählten, hier würde es spuken, wunderte Benedikt jetzt nicht mehr. Da er nun aber die Leute kennengelernt hatte, die in diesem Haus lebten, brauchte er sich nicht mehr zu fürchten.

Die Schmetterlingsmenschen waren alle bloßfüßig und auch Benedikt war inzwischen aus den Schuhen und Socken geschlüpft. Das Gras war weich und warm unter seinen Zehen. Benedikt machte es Steffi nach und versuchte, seine Zehen durch den dichten Rasenteppich bis in die Erde zu bohren. Dabei redeten und redeten sie, so viel und so schnell und so kunterbunt durcheinander, dass Benedikt bald der Kopf zu schwirren begann.

Vater Willibald berichtete von den Schwierigkeiten, die seine Familie und er hatten, sich vor den Blicken neugieriger Nachbarn zu schützen. Und davon, dass der riesige Schmetterlingsflieder vor dem Haus eine spezielle Züchtung seiner Familie war. Eine, die das ganze Jahr über in voller Blüte stand, selbst im Schnee des Winters.

Mutter Amalie erklärte, dass jedes Wesen ihrer Art als anderer Schmetterling auf die Welt kam. So war es verständlich, dass ein Tagpfauenauge und ein Schwalbenschwanz einen Zitronenfalter als Kind hatten. Im Raupenstadium waren sie alle gleich. Erst wenn ihr Kind aus seiner Puppenhülle schlüpfte, wussten die Eltern, welcher Falter es geworden war.

Die übermütige Steffi schließlich plapperte einfach drauflos. Von Onkeln und Tanten und anderen Verwandten, die in fast allen Ländern der Welt verstreut lebten.

„Habt ihr sie denn schon einmal besucht?", wollte Benedikt wissen.

„Einige von ihnen schon", sagte Amalie.

Und Willibald fuhr fort: „Einmal alle zehn Jahre findet ein großes Familienfest statt. Immer bei einem anderen Verwandten. Auf diese Weise haben wir schon einen Teil dieser schönen Welt gesehen!"

Da fiel Steffis Schatten auf Benedikts Gesicht. Das Mädchen schwirrte nämlich gerade direkt vor der hellen Sonnenscheibe in der Luft.

„Jetzt bist du dran!", gluckste der Zitronenfalter. „Jetzt musst du uns von dir erzählen! Und von deiner Familie!"

„Also gut ..."

Benedikt wollte gerade damit anfangen, seinen Papa zu beschreiben. Doch da unterbrach ihn Steffis schrilles Kichern auch schon wieder.

„Wieso bist du eigentlich in unseren Garten gekommen?", fragte das Mädchen in singendem Ton. Und sie fuhr fort:

„Bist du so einer, der sich überall schleicht hinein?
Der alles über die Leute wissen will,
die dort gehn aus und ein?
Bist du vielleicht ein Spion?
Oder ein Detektiv, den jemand rief?"

„Aber nein!", wehrte Benedikt ab.

Auf einen Schlag war seine Fröhlichkeit wie weggeblasen. Denn das war genau die Frage, vor der er sich insgeheim die ganze Zeit schon gefürchtet hatte.

Tränen und ein Hoffnungsschimmer

Rund um die alte Villa verlief eine gepflasterte Terrasse mit einem Geländer aus kleinen, dickbäuchigen Steinsäulen. Auf diesem Geländer saß Steffi nun und ließ ihre Beine herunterbaumeln.

„Also los!", drängte sie Benedikt. „Sag schon!"

Benedikt wusste nicht, was er sagen sollte. Er war vor Sascha davongelaufen und hatte sich hier im Garten vor ihm versteckt. Das wäre die Antwort auf Steffis Frage gewesen. Aber sollte er wirklich zugeben, dass er von anderen Kindern verspottet wurde? Dass er vor Sascha eine Heidenangst hatte? Würden die Schmetterlingsmenschen dann noch seine Freunde sein wollen?

Benedikt sah zu Boden. Aber er spürte, dass die Blicke aller auf ihm lagen. So schaute er schließlich auf und sagte ganz leise: „Ich bin davongelaufen."

Er hatte beschlossen, bei der Wahrheit zu bleiben. Er wollte die Schmetterlingsmenschen, die so nett zu ihm gewesen waren, nicht anlügen.

„Davongelaufen?", quietschte Steffi. „Vor Räubern oder Ungeheuern?"

Benedikt schüttelte den Kopf. „Es war nur ... einer aus der Schule. Ich ... habe mich vor ihm verstecken müssen ..."

Benedikt versagte die Stimme. Auf einmal spürte er, wie ihm Tränen in die Augen stiegen. „Es ist einfach zu dumm!"

Er sprang auf und fing an, auf dem Platz vor dem Haus auf- und abzulaufen. Er fühlte sich traurig und außerdem hatte er eine Stinkwut im Bauch.

„Es ist so gemein!" rief er. „So unfair!"

Mit einem einzigen Flügelschlag war Willibald bei ihm. Er fasste Benedikt bei den Schultern und blickte ihm geradewegs in die Augen.

„Sicher hast du recht", versuchte ihn der Schmetterlingsmann zu beruhigen. „Aber was meinst du denn eigentlich? *Was ist denn nun so gemein und unfair?*"

„Na, immer der Kleinste und der Dünnste zu sein!" Und dann sprudelte es aus Benedikt nur so heraus. Die ganze Geschichte, alles, was an diesem Vormittag in der Schule passiert war. Als er am Ende angelangt war, schaute er verlegen zu Boden. „Jetzt werden mich alle noch mehr auslachen", murmelte er.

„Aber nein ..."

„Doch, doch! Das weiß ich genau!" Doch dann wurde Benedikts Stimme fester. „Aber ich habe einen Plan", sagte er.

„Ja?" Wie ein Mini-Hubschrauber brummte Steffi heran und schob sich von oben zwischen Benedikt und ihren Vater. „Erzähl!", forderte sie den Jungen auf.

„Ich ... werde einfach sagen, daß ich krank bin. Mein Papa wird mir das schon glauben, das krieg ich hin."

„Super!", jauchzte Steffi. „Eine spitzige Idee! Du bist echt der Klügste!"

„Ich werde gar nicht mehr in die Schule gehen", sagte Benedikt. „Es ist ja schon Ende Juni. Bald gibt es das Zeugnis. Dann sind Sommerferien und ..."

„Und so machst du alles nur noch schlimmer", meinte Willibald Tagpfauenauge, bevor seine Tochter neuerlich in Jubelrufe ausbrechen konnte. „Nein, Benedikt. Glaubst du wirklich, du kannst die Sache lösen, indem du deinen Papa und die Lehrerinnen und Lehrer und alle anderen belügst?"

„Naja ...", brummelte Bendikt ziemlich kleinlaut.

Inzwischen war es später Nachmittag. Die Sonne stand schon tief, und ihr Licht war jetzt ganz mild. Die Hitze des Tages war einem frischen Abendwind gewichen. Lange Schatten senkten sich über den Garten, das Haus und die Freunde, die davor beisammenstanden.

Da wurde Benedikt bewusst, dass die Schule schon seit Stunden zu Ende war. Er hätte längst zu Hause sein oder seinem Papa eine Nachricht schreiben sollen. Sicherlich machte dieser sich bereits Sorgen, wo er denn geblieben war.

„Ich muss jetzt heim", sagte Benedikt. Und er versicherte den Schmetterlingsmenschen: „Ich erzähle niemandem von euch. Das verspreche ich. Großes Ehrenwort!"

Willibald nickte nur, Steffi stieß ein spitzes Jauchzen aus und Amalie meinte: „Das wissen wir doch, dass man sich auf dich verlassen kann!"

Benedikt schluckte. „Darf ich euch denn wieder einmal besuchen?"

„Aber natürlich! Freilich! Sicherlogisch!", rief Steffi.

„Komm so bald wie möglich, mein Lieber!", stimmte Amalie ihrer Tochter zu. „Wir freuen uns schon drauf!"

Sie lief zu ihm und nahm ihn in die Arme. Dann legte sie ihre wunderschönen Flügel wie eine warme, weiche und doch auch feste Decke um ihn. Vorsichtig drückte sie Benedikt an sich.

„Und weißt du, was?", fragte Willibald. „Ich werde mir etwas einfallen lassen. Wie du dein Problem *wirklich* lösen kannst. Ohne, dass du jemanden anlügen musst."

Als er dies sagte, klang seine Stimme irgendwie geheimnisvoll. Sie klang so, als hätte er schon einen Plan gefasst. Als müsste er sich nur noch über die Einzelheiten ein paar Gedanken machen.

Benedikt lief los. Er hörte Steffi noch singen:

> *„Dem Typen werden wir's zeigen!*
> *Dem werden wir was geigen!*
> *Dem ekelhaften Typen, dem.*
> *Der wird's noch sehn!"*

Da war Benedikt gleich ein wenig leichter ums Herz. Er hatte wieder Hoffnung geschöpft.

Die Familie Ehrentreu

Vielleicht hast du dich schon gefragt, wieso du noch nichts über Benediks Mama erfahren hast. Die Antwort ist ganz einfach und sehr traurig. Benedikts Eltern waren geschieden. Seine Mama lebte in Amerika. Dort hatte sie einen anderen Mann geheiratet. Sie hatte auch zwei Kinder, die Benedikt noch nie gesehen hatte. Er wusste das nur, weil ihm sein Papa davon erzählt hatte. Bei der Scheidung war Benedikt erst zwei Jahre alt gewesen. Er konnte sich also nicht mehr wirklich an seine Mama erinnern. Sie war Lehrerin. Sie hatte Englischkurse für Erwachsene gehalten. Bei einem dieser Kurse hatte sie den anderen Mann kennengelernt. Sie hatte sich in ihn verliebt. Benedikt verstand nicht, wie das passieren konnte. Schließlich gab es ja auch noch seinen Papa. Aber die Mama hatte den Papa verlassen und den anderen Mann geheiratet. Dann hatten die beiden beschlossen, nach Amerika auszuwandern.

Oft blätterte Benedikt Papas altes Fotoalbum durch. Darin gab es ein paar Aufnahmen, die seine Mama zeigten. Benedikt hatte ihre blonden Haare geerbt und auch den zarten Körperbau. Überhaupt sah er ihr ziemlich ähnlich.

Manchmal meinte Papa: „Wenn ich dich so anschau, dann hab ich fast deine Mama vor mir." Dann wurde Papa immer sehr ernst und sprach den Rest des Tages nichts mehr.

Auch Benedikt fühlte einen Traurigkeitsschmerz in seinem Herzen. Ein arges Drücken war das in der Brust. Er hätte seinen Papa zum Trösten gebraucht. Aber der war ja selbst so traurig, dass er Trost nötig hatte. So malte sich Benedikt stattdessen aus, wie es wäre, eine richtige Mama zu haben. Einmal bildete er sich sogar ein, die Mama im Fotoalbum würde ihm zuzwinkern. Und wenn er die Augen schloss, sah er die Frau, die seine Mama war, und seinen Papa und sich selbst Hand in Hand auf einer Sommersonnenwiese herumtollen.

Benedikts Mama hieß Veronika, sein Papa Florian. Der Nachname der Familie lautete Ehrentreu. Das ist ja nicht unbedingt der alltäglichste Name der Welt. Er stammt von Benedikts Urururururgroßvater. Oder so ähnlich, denn mit all den Urs ist das nicht so einfach.

Dieser Urahne der Familie Ehrentreu hatte eigentlich einen ganz anderen Namen. Doch er war ein furchtloser Kämpfer, wenn es darum ging, mit Schwert und Lanze die Ehre seines Königs zu verteidigen. Finstere Gesellen, die plündernd und mordend umherzogen, gab es damals im Mittelalter ja zuhauf. Benedikts Ahne konnte sich also wahrlich nicht über zuwenig Arbeit beklagen. Aus Dank für seine Treue wurde er vom König schließlich zum Ritter geschlagen. Und er bekam von ihm einen Namen verliehen, der keinen Zweifel an seinen edlen Taten ließ. Als schwertschwingenden Ritter konnte sich Benedikt den Papa mit seinem Bäuchlein nicht vorstellen. Trotzdem hätte er ihn um nichts in der Welt gegen einen rittermäßigeren Papa eingetauscht. Papa Florian war nämlich ein lustiger Mensch. Zumindest, wenn er nicht gerade an Mama dachte. Mit seiner Glatze führte er manchmal Spiegelungen durch. Er polierte sie sich jeden Morgen. Und immer, wenn er Lust dazu hatte, hielt er seinen Kahlkopf im richtigen Winkel zur Sonne und blendete andere Leute.

„Was ich habe", sagte er dann, „ist keine Glatze. Das ist ein eingebauter Taschenspiegel. Praktisch, nicht?"

Trotzdem trug Florian im Freien meistens eine Kappe. Im Winter fror ihn nämlich auf der Glatze. „Schließlich fehlt mir ja der Kopfpelz", war seine Erklärung. Und im Sommer bekam er sehr leicht einen Sonnenbrand. Im Spaß hatte Benedikt ihm einmal vorgeschlagen, er sollte auf der feuerroten Glatze doch Spiegeleier braten.

Das hatte Florian nicht lustig gefunden. Er war schnell belei-digt, wenn es um seinen Kahlkopf ging. Und jedem, der ihm in die Quere kam, versicherte er: „Das mit der Glatze, das ist bei mir keine Alterserscheinung! Das ist Vererbung! Da kann man gar nichts machen!" Denn einen Gedanken konnte er ganz und gar nicht ausstehen: dass die Leute dachten, er würde bereits zum alten Eisen gehören.

Auf seinem Weg durch die kleine Stadt dachte Benedikt auch an diesem Abend an seinen Papa. Er beeilte sich, nach Hause zu kommen. Er sandte ein stilles Stoßgebet zum Himmel, dass Papa gut aufgelegt war. Und dass er sich nicht allzu sehr wegen des Zuspätkommens aufregte.

Als Bendikt heimkam, erwartete ihn aber alles andere als ein Donnerwetter. Im Haus herrschte Totenstille.

„Hallo?", rief Benedikt. „Papa?"

Aber keine Antwort. Stattdessen fand Bendikt auf seinem Handy eine Nachricht: *„Bin hinten. Komm schnell! Es eilt!!!"*

Diese Nachricht kannst du nur verstehen, wenn du dich in dem Gebäude, in dem Benedikt mit seinem Papa wohnte, zurechtfindest. Es war ein altes Stadthaus, Teil einer ganzen Reihe von Häusern mit massiven, burgähnlichen Mauern. Sie waren eng aneinandergebaut. Im Mittelalter hatten hier wohlhabende Leute gewohnt. Benedikts Eltern hatten es vor Jahren von dem ersten Geld gekauft, das sie mit dem Unterrichten und den Kochbbüchern verdient hatten. Das war noch vor Benedikts Geburt gewesen. Im Laufe der Zeit hatte Florian das Haus nach und nach renoviert.

Das Gebäude bestand aus einem vorderen Teil zur Straße hin, einem hinteren Trakt und einem großen Innenhof dazwischen. Vorn befanden sich die Küche, ein Wohnraum und ein Esszimmer. Hinten waren das Schlafzimmer, das Bad und Benedikts Zimmer untergebracht. Einen eigenen Arbeitsraum brauchte Florian keinen. Er schrieb seine Bücher auf einem Laptop auf dem Küchentisch, gleich neben dem Kochen.

Eigentlich hatte Benedikt erwartet, die ganze Geschichte von der Schuluntersuchung jetzt in allen peinlichen Einzelheiten durchkauen zu müssen. Denn schließlich hatte er im Garten der Schmetterlingsmenschen beschlossen, seinem Papa die Wahrheit zu erzählen. Doch wenn Florian in solcher Eile war, wie die Nachricht vermuten ließ, konnte er sich die Beichte vielleicht doch ersparen.

Benedikt fand Florian im Schlafzimmer.

„Mein Gott, Kind! Wo warst du denn so lang?", rief Florian aus, als er ihn hereinkommen sah. „Ich habe mir schon Sorgen gemacht!"

„Ich ...", druckste Benedikt herum, „ich war mit Freunden zusammen." Das war nicht gelogen und gab dennoch das Geheimnis der Schmetterlingsmenschen nicht preis.

„Aha ... Naja ... Zumindest bist du jetzt da!"

Florian hatte Bendikt offenbar gar nicht richtig zugehört. Er stand vor dem Spiegel und war damit beschäftigt, sich eine Krawatte zu binden. Da er das nicht gerade oft machte, fehlte ihm die Übung. Das merkte man. Von Knotenversuch zu Knotenversuch wurde Florian zappeliger.

„Warum machst du dich so schick?", fragte Benedikt.

„Genug!" Florian warf die Arme in die Höhe und fuchtelte damit in der Luft herum. Dann strich er sich ein paarmal über seine Glatze, zog ein Taschentuch hervor und schneuzte sich trompetenartig. Der Knoten, den er jetzt gemacht hatte, war genauso schief wie die anderen. Trotzdem probierte er keinen neuen. „Ich bin spät dran! Ich habe keine Zeit mehr!", rief er.

„Bist du nervös?", fragte Benedikt.

„Nervös? Ich? Aber wieso denn? Ich bin doch die Ruhe in Person!"

„Aha ..."

„Weißt du, ich habe ... Ich treffe mich mit ..."

„Mit der Irmentraut?"

„Ja, mit der Irmentraut."

Irmentraut Huber war die Büchereileiterin der kleinen Stadt. Florian traf sich seit einiger Zeit manchmal mit ihr zum Abendessen. Oder sie gingen ins Kino miteinander. Benedikt war schon zweimal mit gewesen und er konnte Irmentraut gut leiden. Sie las genauso gern wie er und wusste sogar über die Zeichentrickserien im Fernsehen Bescheid. Deshalb konnte Benedikt nicht verstehen, weshalb sein Papa jedesmal so nervös war.

Inzwischen war Florian ins Badezimmer gelaufen. Auf einmal ertönten von dort Schmerzensschreie: „Auuu! Bluuut!"

Benedikt musste grinsen. Er konnte sich schon denken, was passiert war. Je weniger die Haare auf Florians Kopf nämlich wurden, desto mehr wuchsen sie ihm aus den Nasenlöchern und den Ohren. Immer wieder unternahm Florian den Versuch, diese borstigen Härchen mit einer kleinen Nagelschere zu stutzen. Fast jedes Mal schnitt er sich dabei und machte ein schreckliches Geschrei.

Genau dies war auch jetzt der Fall. Benedikt folgte seinem Papa ins Bad.

„Ich glaube nicht", sagte er, „dass du jetzt verbluten wirst."

„Wer weiß?", rief Florian. „Vielleicht steh ich schon mit einem Fuß im Grabe!"

„Du wirst es überleben", sagte Benedikt.

Doch Florian wechselte schon das Thema. „Ich bleibe nicht allzu lang", sagte er. „Die Irmentraut will mir nur den neuen Computer in der Bücherei zeigen."

„Und deshalb machst du dich so fein?"

„Für die Irmentraut kann ich gar nicht schön genug sein", sagte Florian. Für einen Moment wurde er ganz ernst. „Das macht dir doch nichts aus, oder? Das mit der Irmentraut."

Benedikt wusste, dass sein Papa fürchtete, er würde nicht wollen, dass er sich mit einer Frau traf. Mit einer anderen Frau als Mama. Aber Benedikt war klar, dass Papa Mama nicht ewig nachtrauern konnte. Dass er nicht sein ganzes Leben allein bleiben mochte. Und einen einsam-traurigen Papa wollte auch Benedikt nicht. Manchmal dachte er: Es wäre schön, wieder eine Mama zu haben. Und *Irmentraut Ehrentreu*, das würde doch gut klingen.

So versicherte Benedikt seinem Papa: „Das ist schon in Ordnung. Ich mag die Irmentraut."

Da strahlte Florian. „Ich auch", bekräftigte er. Dann fügte er hinzu: „Wenn du mich brauchst: Ich habe mein Handy mit. Babysitter habe ich keinen angerufen ..."

„Ich brauche keinen Babysitter! Ich bin doch kein Baby mehr!"

„Eben", sagte er und strich Benedikt über den Kopf. „Und ich bin spätestens um acht zurück."

Er war schon halb zur Tür hinaus. Auf einmal aber fiel ihm noch etwas ein und er drehte sich zu Benedikt um.

„Wegen des Zuspätkommens ...", begann er.

„Ja?"

„Das nächste Mal ruf bitte an, wenn du bei Freunden bist, ja?"

„Okay!", rief ihm Benedikt nach. Florian war nämlich schon

wieder verschwunden. Gerade fiel die Tür, die in den Innenhof führte, hinter ihm zu.

Gelobt und gepriesen sei die Irmentraut, dachte Benedikt. Diese Verabredung war wirklich gerade zur rechten Zeit gekommen.

Der Vampir

Der nächste Tag war ein Samstag. Benedikt war froh, nicht zur Schule zu müssen. Er stand ziemlich früh auf und wartete nicht ab, bis sein Papa endlich aus den Federn kam. Er ging in die Küche und machte sich einen Kakao. Dann schrieb er für Papa eine Nachricht, dass er wieder bei seinen Freunden war. Er band seine Turnschuhe an den Schnürsenkeln zusammen und hängte sie sich über die Schulter. Er schlüpfte in seine Roller-Skates. Schon war er aus der Haustür und auf dem Weg zur Villa der Schmetterlingsmenschen.

Die Straßen, durch die Benedikt sauste, waren noch leer. Vor dem eisernen Tor zum Anwesen der Schmetterlingsmenschen legte er eine gekonnte Bremsung hin. Er drückte die Klinke hinunter, musste aber feststellen, dass die Tür verschlossen war. Zu dumm! Benedikt spähte zwischen den Gitterstäben hindurch. Nichts rührte sich in dem großen Garten.

Neben dem Tor hing eine altmodische Glocke mit einer Kordel, an der man ziehen konnte. Doch Benedikt wollte seine neuen Freunde nicht aufwecken. Er war zu früh gekommen, das war ihm nun klar. Er hatte nicht bedacht, dass sich die meisten Leute am Wochenende zu richtigen Siebenschläfern verwandelten.

Aber Benedikt hatte auch keine Lust, zurück nach Hause zu fahren. „Ich werd über das Tor klettern und drinnen warten, bis sie aufwachen", sagte er sich.

Gesagt, getan. Benedikt tauschte die Roller-Skates mit den Turnschuhen aus. Dann vergewisserte er sich, dass ihn auch niemand beobachtete und kletterte flink über das Tor. Die eisernen Gitterstäbe waren so angeordnet, daß er keine Schwierigkeiten hatte. Es waren keine zehn Sekunden vergangen, bis Benedikt in der Deckung aus dschungelartig wuchernden Pflanzen verschwunden war.

Er streifte ein paar Minuten lang durch den Garten. Wie schon am Vortag betrachtete er bewundernd einige der sonderbaren Gewächse, die dort prächtigst gediehen. Dann ging er zu der alten Villa. Er setzte sich auf die Treppe, die zur Eingangstür des Hauses hinaufführte. Die Morgensonne besaß noch nicht viel Kraft, sie hatte den Stein der Stufen noch nicht aufgewärmt. Die Stiege war auch ein wenig nass vom Tau. Benedikt rieb sich gerade den feuchten Hosenboden, als plötzlich und ohne jede Vorwarnung ein Ungeheuer vor ihm auftauchte.

Es musste von oben gekommen sein. Aus der Luft oder vom Dach her. Denn wie ein bräunlich-grauer Riesenstein fiel es vor Benedikt zu Boden.

Es fing sich geschickt mit den Beinen ab, es richtete sich auf.

Und dann vergaß Benedikt fast zu atmen.

Das Wesen breitete nämlich eine Art Mantel aus. Darunter hatte es seine Gestalt und sein Antlitz bis zu diesem Moment verborgen. Jetzt zeigte es Benedikt sein Gesicht. Dieser Anblick war fast zuviel für den Jungen.

Denn Benedikt sah eine leichenblasse Miene. Er sah gelblich lodernde Augen. Er sah blutrote Lippen.

Dann riß das Monster mit einem gewaltigen Fauchen sein Maul auf. Und es entblößte die langen, weißen Fangzähne eines Vampirs.

Gelächter

Uns wäre es an Benedikts Stelle wohl auch nicht anders ergangen. Das musst du dir einmal vorstellen: Taucht da doch plötzlich ein leibhaftiger Vampir auf!

Da stand er also, der Vampir. Er bleckte seine spitzen Zähne. Dazu knurrte und fauchte er und rollte mit seinen gelben Augen.

Benedikt war klar, dass es das Beste wäre, Fersengeld zu geben. Aber das brachte er einfach nicht fertig. Sein ganzer Körper zitterte vor Angst. Irgendwie saß er wie festgenagelt auf den steinernen Stufen. Mit schreckgeweiteten Augen starrte er auf das bleiche Ungeheuer.

Da sauste aus heiterem Himmel etwas Helles, Gelbliches durch die Luft. Mit solcher Geschwindigkeit, dass Benedikt keine Chance hatte zu erkennen, um was es sich dabei handelte.

Wie eine feurige Rakete zischte es einmal zwischen dem Jungen und dem Vampir vorüber.

Wie ein glühender Sternenschweif jagte es hinter dem Blutsauger vorbei.

Und schließlich umrundete es Benedikt wie ein wildgewordener Hummelhaufen.

Dem Buben war Hören und Sehen vergangen. Vor seinen Augen drehte sich alles. War das ein zweiter Vampir? Oder gleich eine ganze Horde davon? Hatte sein letztes Stündlein geschlagen?

Aber nein, Benedikt irrte sich gewaltig! Dieses gelbe Luftsausen war niemand anderer als Steffi Zitronenfalter. Mit einem glockenhellen Kichern landete das Mädchen schräg neben dem Vampir. Aus dem Stand schlug es noch einige Purzelbäume. Drehte sich rasch noch ein paarmal wie eine Spirale. Und verharrte schließlich ungefähr einen Meter über dem Erdboden im Schneidersitz in der Luft, als wäre dies die selbstverständlichste Sache der Welt.

Dabei blickte Steffi von dem finsteren Vampir zu dem verdatterten Benedikt und lachte sich halb krumm.

Steffi lachte, bis sie ganz rot war im Gesicht.

Sie lachte, dass sie sich verschluckte und einen Hustenanfall bekam.

Sie lachte, bis hinter Benedikts Rücken mit einem lauten Poltern die Haustür aufflog und Willibald Tagpfauenauge und Amalie Schwalbenschwanz ins Freie gestürzt kamen.

„Was ist denn los?" Das war Willibald.

„Mein Gott, was ist denn nur passiert?" Und das Amalie.

Ihre Stimmen und Mienen waren voller Sorge. Sie trugen noch ihre Pyjamas: Willibald einen blau-weiß gestreiften, Amalie einen rosenrot geblümten. Ihre Haare waren fast so zerstrubbelt wie die ihrer Tochter und sie blickten ziemlich verwirrt aus der Wäsche. Offensichtlich hatte sie der Tumult vor dem Haus recht unsanft aus dem Schlaf gerissen.

Als die Rettung nahte, kam auch in Benedikt Bewegung. Er sprang auf, er stürzte auf die beiden Schmetterlingsmenschen zu.

„Da!", rief er und zeigte auf das knurrende Monster. „Da ist ein Vampir! Gleich hat er Steffi! Ihr müsst sie retten!"

Für eine Sekunde war es ganz still auf dem Platz vor der alten

Villa. Doch dann brachen alle in schallendes Gelächter aus. Willibald polterte drauflos. Amalie gab ein vornehmes Glucksen von sich. Und Steffi ihr typisches Gekichere. Sogar der düstere Vampir lachte. Aber bei ihm klang das eher wie das Stöhnen einer jahrtausendealten Mumie.

Alle lachten also. Das heißt: alle außer Benedikt. Denn dieser kannte sich jetzt überhaupt nicht mehr aus.

„Was ist denn daran so lustig?" Er zerrte an Willibalds Pyjamaärmel. „Kann mir das bitte einer erklären?"

„Weil ... das da ... gar kein Vampir *ist*!"

„Kein Vampir?", rief Benedikt. War Willibald Tagpfauenauge von allen guten Geistern verlassen? „Schaut ihn euch doch an! Der ist irre gefährlich!"

„Aber nein!", widersprach ihm Amalie zwischen zwei Lachglucksern. „Das ist doch nur der Onkel Theodor!"

„Der Onkel Theodor?"

„Ja!" Steffi Zitronenfalter schlug sich vor Freude auf die Schenkel. „Onkel Theodor, die Motte!"

Onkel Theodor, der Plastikzahnvampir

„Theodor ist Mamas Bruder", erklärte Steffi Zitronenfalter. „Er wohnt bei uns auf dem Dachboden. Er schläft dort fast den ganzen Tag. Meistens zieht er in der Dämmerung über die Häuser."

Amalie beeilte sich, nochmals hinzuzufügen: „Er ist nämlich eine Motte."

„Aber ... warum", stotterte Benedikt, „warum schaut er dann aus wie ein Vampir?"

Da trat Steffi ganz nah an Benedikt heran. „Weil er sich so verkleidet", flüsterte sie ihm zu. „Er steckt sich Vampirzähne aus Plastik in den Mund und schmiert sich weiße Farbe ins Gesicht. Damit er so richtig blass und schaurig wirkt. Weißt du, Onkel Theodor ist nämlich nicht ganz dicht im Oberstübchen!"

„Steffi, Liebes!", wies Amalie ihre Tochter freundlich zurecht. „Man flüstert nicht über Mitglieder der Familie!" Und zu Benedikt meinte sie: „Mein Bruder ist manchmal ein wenig traurig. Weil seine Mottenflügel nicht so schön bunt sind wie die anderer Schmetterlinge."

„Genau!", meldete sich zum ersten Mal Onkel Theodor selbst zu Wort.

Er kam auf Benedikt zu und fixierte ihn dabei mit seinen gelben Augen. Zwar wusste der Junge nun, dass Onkel Theodor bloß eine völlig ungefährliche Motte war. Trotzdem spürte er auf seinen Armen eine Gänsehaut, als sich ihm das bleiche Wesen mit seiner klapperdürren Gestalt und dem hageren Gesicht nun näherte.

„Ist es nicht so, dass niemand Motten mag?", rief Onkel Theodor. Seine Stimme klang wie die Mischung aus einem aufgeregten Papagei und rostigen Türangeln. Außerdem nuschelte er so fürchterlich, dass man ihn nur schwer verstehen konnte. Daran waren wahrscheinlich die Plastikbeißerchen schuld.

Als hätte er eben denselben Gedanken gehabt, griff Onkel Theodor nach den Zähnen. Mit einem Spuckeschmatzen zog er sie sich aus dem Mund. Mit einer raschen Bewegung ließ er sie in einer Tasche seines schwarzen Anzugs verschwinden.

„Tagpfauenaugen und Schwalbenschwänze!", erboste er sich jetzt viel verständlicher. „Ja, *die* lieben die Menschen! Und zwar wegen ihrer wunderschönen Flügel!"

„Zitronenfalter aber auch!", mischte sich Steffi ungefragt ein. „Vergiss die nicht, Onkelchen!"

„Du hast recht, mein Kind", stimmte ihr der Mottenmann niedergedrückt zu. Er zog einen Schmollmund und mit der Miene eines traurigen Clowns sagte er ganz leise: „Aber meine Art, die mag niemand. Die Menschen legen sogar stinkige Kugeln in ihre Schränke, um mich fernzuhalten!"

„Ich versteh schon, dass dich das ärgert." Benedikt gruselte sich jetzt nicht mehr vor diesem bekümmerten Mottenmann. „Aber mein Papa tut das auch. Es ist doch ganz logisch, dass sich niemand gern Löcher in sein Gewand fressen lässt."

„Aha!", krächzte Onkel Theodor beleidigt. Er schlenkerte mit seinen dünnen Armen und Benedikt war, als könne er das Klappern seiner Knochen hören. „Und wovon, bitte, sollen wir Motten dann leben? Sollen wir vielleicht alle verhungern?"

„Nein", meinte Benedikt recht kleinlaut, „natürlich nicht."

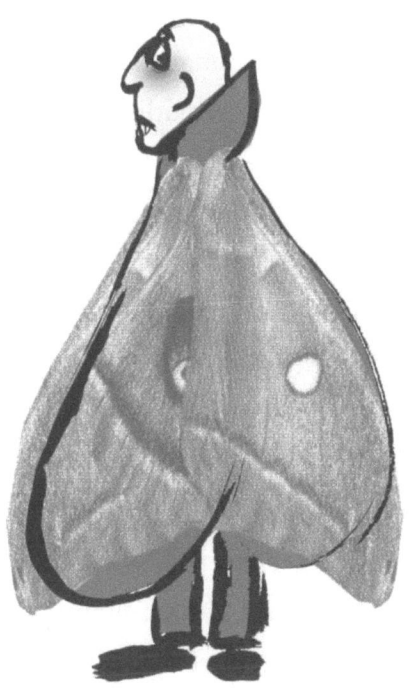

„Na, siehst du! Und weil mich ohenhin keiner mag, verkleide ich mich als Vampir. So kann ich zumindest einige Leute erschrecken, wenn ich in der Dämmerung meine Runden drehe."

Auf einen Schlag war die Traurigkeit aus Onkel Theodors Gesicht verschwunden. Sein Mund verzog sich zu einem breiten Grinsen. Als er zu lachen begann, glaubte Benedikt im ersten Moment, ein alter Motor wäre mit einem lauten Husten angesprungen.

„Auf diese Weise komme *auch ich* zu ein wenig Spaß!", tönte Onkel Theodor gleich ein wenig fröhlicher.

Sprach's. Breitete seine gräulich-braunen Flügel aus, die man tatsächlich leicht mit dem Umhang eines Vampirs verwechseln konnte. Und stieg wie eine Mondrakete kerzengerade in die Luft.

„Onkelchen zischt jetzt sicher unters Dach ab", kicherte Steffi und vollführte dabei in der Luft etwas, das nach einer besonders komplizierten Figur im Eiskunstlauf aussah. „Dort klammert er sich mit den Füßen an einen Holzbalken. Er schläft nämlich kopfunter. So wie es Fledermäuse tun. Ich sag ja immer: Der spinnt ganz gewaltig!"

„Steffi, ich verbiete dir, so über meinen Bruder zu sprechen!" Amalie klang nun wirklich etwas böse. „Du weißt so gut wie ich, dass Theodor ein sehr lieber Mottenmensch ist. Und außerdem: Was soll denn der Benedikt über uns denken?"

Noch bevor das Mädchen antworten konnte, beendete Vater Willibald die Diskussion. Er gähnte herzhaft und meinte: „Kommt ins Haus! Da wir nun schon einmal wach sind, können wir genauso gut frühstücken. Was meint ihr?"

„Ja! Superspitzig!", jubelte Steffi. „Dann kannst du uns auch von deinem Plan erzählen!" Und mit verschwörerischem Blick zu Benedikt raunte sie: „Mama und ich kennen Papas Plan auch noch nicht. Und ich bin schon sooo gespannt darauf!"

„Nun gut", sagte Willibald. „Aber zuerst brauche ich eine große Tasse Blütennektar. Damit ich richtig wach werde. Und dann reden wir. Also kommt! Hinein in die gute Stube!"

Der Plan

Fünf Minuten später saßen alle außer Onkel Theodor um einen riesigen Holztisch in der ebenfalls riesigen Küche der Villa. Die Küche hätte man fast als Halle bezeichnen können. Sie war recht altmodisch eingerichtet. Rundum gab es Vitrinen und Kästchen aus dunklem Holz. In einer Ecke des Raumes stand ein wahres Ungetüm von einem gusseisernen Ofen und in der Mitte der Tisch.

Obwohl es nicht nötig gewesen wäre, hatte Willibald den alten Ofen angeheizt. Jetzt knisterte und fauchte er wie ein metallenes Monster. Aus den Ritzen bei den Herdplatten sprühten die Funken, dass es eine wahre Freude war. Es war so heiß in der Küche, dass sich Benedikt fast wie in einer Sauna vorkam.

Amalie stellte vor jeden von ihnen eine Schale mit einer honigartigen Flüssigkeit.

„Das ist Blütennektar", erklärte Steffi auf Benedikts Frage.

Sogleich begann sie sich darüber herzumachen. Ihre Eltern taten es ihr nach. Und zwar, ohne einen Löffel zu benutzen. Die Schmetterlingsmenschen hatten ungewöhnlich lange Zungen. Diese schlängelten sich zwischen ihren Lippen hervor. Mit gehörigem Geschmatze schleckten Steffi und ihre Eltern ihr Frühstück einfach aus den Schalen.

Benedikts Papa war auch so ein Tellerausschlecker. Besonders, wenn es Erdbeereis gab. Aber nur, wenn Irmentraut nicht dabei war. Florian hatte seinem Sohn erzählt, dass die Büchereileiterin solch schlechte Tischmanieren nämlich ganz und gar nicht schätzte.

Benedikt nippte nur ein paarmal an seiner Portion. Der Nektar schmeckte zwar süß und cremig und insgesamt wirklich lecker. Aber Benedikt war einfach zu aufgeregt. Nur allzu gern hätte er schon von dem Plan gehört, den sich Willibald für ihn ausgedacht hatte.

Endlich hatten seine neuen Freunde ihre Schalen blitzblank geleckt und schoben sie mit zufriedenem Seufzen von sich. Die Spitzen ihrer zusammengeklappten Flügel bewegten sich langsam vor und zurück. Man konnte ihnen ansehen, wie wohl ihnen nach dieser Mahlzeit war.

„So, und jetzt leg mal los!", forderte Steffi ihren Vater auf.

Willibald grinste in die Runde. „Also gut", sagte er. „Ich hab mir gedacht, dass wir diesen Sascha beobachten sollten."

„Nur beobachten?", fragte Benedikt zweifelnd.

„Vorerst ja", sagte Willibald. „Ich denke nämlich, dass einer, der so ekelhaft ist, einen Grund dafür haben muss. Und diesen Grund finden wir vielleicht heraus, wenn wir ihn eine Zeitlang beobachten."

„Und wenn wir nichts herausfinden?", warf Steffi ein.

„Dann können wir uns immer noch was Anderes einfallen lassen", antwortete ihr Vater. Dann schaute er von einem zum anderen. „Was meint ihr?", fragte er.

„Ich meine, dass das ein langweiliger Plan ist", sagte Steffi. „So fad, dass einem dabei die Flügel einschlafen!"

„Aha", sagte Willibald. „Und was würdest du stattdessen vorschlagen?"

„Ich würde vorschlagen", sagte Steffi, „dass wir dem Kerl einmal so einen richtigen Schrecken einjagen." Vor Begeisterung

waren ihre Wangen gerötet und selbst auf ihren Flügeln lag ein orangeroter Schimmer. Die Flügel zitterten so heftig, dass Steffi sich mit beiden Händen an der Tischkante festhalten musste, um nicht geradewegs in die Luft zu steigen. „Einen solchen Schrecken", rief sie, „dass er sich's in Zukunft dreimal überlegt, bevor er sich wie ein Ekel aufführt!"

„Und wie willst du das anstellen?", wollte Amalie wissen.

„Mit Hilfe von Onkel Theodor natürlich!"

Das Faltermädchen ließ den Tisch los. Stattdessen umklammerte Steffi mit den Händen die Sitzfläche des Sessels, auf dem sie saß. Ein weiteres Zittern der Flügel genügte und Steffi hob vor Benedikts verblüfften Augen samt ihrem Stuhl vom Boden ab. Knapp unter der Zimmerdecke blieb sie hängen.

Von dort rief sie: „Ihr habt doch gesehen, wie sehr sich Benedikt vorhin vor ihm gefürchtet hat!"

„Naja, *sosehr* aber auch nicht!", protestierte Benedikt schwach.

„Das sagst du jetzt!", widersprach ihm Steffi. „Aber vorhin warst du der reinste Schlotterhaufen!"

Willibald stand auf und streckte die Arme nach oben. Er erreichte zwei Beine von Steffis Stuhl und zog das Mädchen wieder zum Boden herunter. „Bleib bitte sitzen! Es macht mich nervös, wenn in der Küche ein solcher Aufruhr herrscht."

Amalie hickste leise und hielt sich dabei vornehm die Hand vor den Mund. „Das ist der Nektar", sagte sie. „Auch mir belebt dieser frische Nektar immer außerordentlich die Sinne."

„Ich glaube", lachte Benedikt, „bei Steffi muss da nichts belebt werden!"

Der Zitronenfalter wollte aber nicht, dass jemand vom Thema ablenkte.

„Findet ihr nicht auch, dass meine Idee ganz einmalig spitzenmäßig ist?", fragte Steffi. „Onkel Theodor möchte doch immer Vampir spielen. Da wäre er so richtig in seinem Element. Ich hab für ihn sogar etwas zum Knabbern aufgehoben. So eine ganz flauschige Kuschelweste. Die hab ich in einem Buswartehäuschen gefunden. In die kann Onkel Theodor nach Herzenslust Löcher fressen. Und wenn er dann so richtig schön satt ist, frage ich ihn, ob er uns bei unserem Vorhaben zur Seite steht." Sie klatschte in die Hände. „Ich sage euch, das wird ein Heidenspaß!"

Doch ihr Vater wollte davon nichts wissen. „Nein, Steffi", entschied er, „das ist keine gute Idee. Du kannst nicht Schlechtes mit Schlechtem vergelten. Ich halte meinen Plan nach wie vor für wirkungsvoller."

Noch bevor Steffi protestieren konnte, unterstützte Amalie ihren Mann. „Wir versuchen es zuerst mit Willibalds Beobachtungsidee", sagte sie. „Erst im Fall, dass dies zu nichts führt, wollen wir andere Maßnahmen in Betracht ziehen."

„Genau!", bekräftigte Willibald. Und mit Nachdruck sagte er zu Benedikt und Steffi: „Versprecht uns, dass ihr nichts Unbedachtes unternehmt!"

„Gut, gut!", lenkte Steffi ein.

„Keine Panik!", rief sie.

Und war im Spiralflug auch schon durch das nächste offenstehende Fenster ins Freie gezischt.

Benedikt sprang auf und machte, dass er ihr nachkam. Da

hörte er hinter sich Willibalds und Amalies gemeinsamen Auf-
schrei: „Benedikt!"

Der Junge blieb in der Küchentür stehen. „Ja?", sagte er und
drehte sich um.

„Bitte macht keine Dummheiten!", sagte Amalie.

„Steffi ist nämlich ziemlich anfällig für Dummheiten", fügte
Willibald hinzu.

„Na gut", sagte Benedikt, „versprochen. Keine Dummheiten."

Und noch bevor Steffis Eltern weitere Verbote einfallen
konnten, lief er zu Steffi in den Garten.

Dort wartete das Faltermädchen bereits auf ihn. „Ach, was
sind die doch besorgt!", zischte Steffi. Ihre Augen blitzten zornig. „Um diesen Doofkopf Sascha."

„Naja", sagte Benedikt. „Wir warten eben noch ein bisschen."

„Nix da mit Warten!", flüsterte Steffi. Mit einem raschen
Blick zur Haustür versicherte sie sich, dass Benedikt und sie
allein waren. Sie winkte den Jungen näher an sich heran. „Wir
können immer noch meinen tollen Plan in die Tat umsetzen. Es
wäre doch echt spitzig, den Sascha zu erschrecken!"

„Aber deine Eltern! Wir haben ihnen doch versprochen, dass
wir ...“

Das Zitronenfaltermädchen schnitt ihm kurzerhand das
Wort ab. „Soweit ich mich recht erinnere", sagte Steffi, „haben
wir nur versprochen, keine Dummheiten zu machen und nichts
Unbedachtes zu unternehmen. Das werden wir ja auch nicht.
Meine Idee ist nicht dumm. Und wir werden sie vor heute Nacht
noch gut durchdenken. Dann ist sie nicht unbedacht."

„Wieso vor heute Nacht?", fragte Benedikt.

Anstelle einer Antwort schlug Steffi so heftig mit ihren Flügeln, dass sie wie eine zitronengelbe Kanonenkugel in die Luft katapultiert wurde. Sie zog eine Sonnenbahn um das Dach der Villa herum und landete gleich darauf wieder vor Benedikt.

„Weil wir Sascha heute Nacht ein großes Gruselfest bereiten werden!", verkündete sie strahlend.

Flug durch die Nacht

An diesem Abend ging Benedikt früh auf sein Zimmer. Florian wunderte sich darüber.

„Willst du heute gar nicht fernsehen?", fragte er.

„Ich darf ja doch nicht", antwortete Benedikt.

„Trotzdem probierst du es jeden Abend."

„Heute nicht."

„Aha ..."

„Heute ist nichts Gutes."

„Nein?"

„Drum geh ich jetzt ins Bett. Ich werde noch lesen."

„Ja ... Dann gute Nacht."

„Gute Nacht."

Verwundert schaute Florian seinem Sohn nach. Dass Benedikt keine Lust aufs Fernsehen hatte, hatte er noch nicht oft erlebt. Doch er hatte schließlich keine Ahnung davon, was der Junge diese Nacht noch alles vorhatte.

In seinem Zimmer zog sich Benedikt nicht aus. Er knipste das Licht nicht an. Stattdessen öffnete er das Fenster weit. Warme Nachtluft kam in den Raum. Benedikt schob einen Sessel vors Fenster und setzte sich hin. Dann wartete er.

Er musste lange warten. Eine Stunde verging und eine zweite. Draußen verwandelte sich die Dämmerung in dunkle Nacht. Immer wieder überprüfte Benedikt auf seinem Handy die Zeit.

Anfangs hörte er seinen Papa noch im Haus herumgehen. Gedämpft hörte er den Ton des Fernsehers und wie hin und wieder leise eine Tür geöffnet und geschlossen wurde. Endlich wurde es still im Hause Ehrentreu. Irgendwann fielen Benedikt die Augen zu. Er nickte ein.

Plötzlich schreckte er hoch. Ein Geräusch vom Fenster her hatte ihn geweckt. Benedikt riss die Augen auf und blickte in Steffis Gesicht.

„Was ist?", rief er, noch verwirrt vom Schlaf.

„Psst!", flüsterte Steffi. „Sei doch nicht so laut!" Im Licht ihrer Taschenlampe sah sie aus wie ein zu groß geratenes Glühwürmchen.

„Ist schon gut!"

„Wir haben uns doch ausgemacht, dass ich dich abholen komme."

„Ich bin eingeschlafen. Wie spät ist es?"

„Fast halb zwölf. Mama und Papa sind ewig nicht schlafen gegangen. Gerade heute! Erst dann konnten Onkel Theodor und ich die Verkleidung hervorholen."

Benedikt stand auf und streckte sich. „Habt ihr was Passendes gefunden?"

„Freilich! Tolle Sachen. Auf dem Dachboden stehen Truhen mit ganz vielen alten Kleidungsstücken. Onkel Theodors Notration. Falls er nichts Frisches zum Knabbern findet."

Benedikt war jetzt wieder hellwach. „Ich bin schon gespannt", sagte er grinsend, „was ihr euch ausgesucht habt."

„Na dann komm!" Steffi zog ihn am Ärmel. „Onkel Theodor ist gleichzeitig mit mir von zu Hause weggeflogen. Er holt den Sascha. Wir müssen los!"

Aber Benedikt zögerte noch. Untertags, als sie alles besprochen hatten, hatte es so selbstverständlich geklungen: Er

würde mit Steffi fliegen. Doch jetzt, als es soweit war, saß Benedikt bei dieser Vorstellung doch eine gehörige Portion Angst in den Knochen.

„Bist du sicher", fragte er, „dass du mich tragen kannst?"

„Drei oder mehr von deiner Sorte könnten meine Flügel tragen", versicherte ihm das Faltermädchen. „Du bist ja kein Schwergewicht. Jetzt komm endlich!"

Benedikt war klar, dass er nun nicht mehr zurück konnte. Er kletterte aufs Fensterbrett. Dort ging er in die Hocke. Er kniff die Augen zusammen und atmete tief durch. Dann öffnete er die Augen wieder und sagte: „Also los!"

Er spürte, wie sich Steffis Arme um ihn legten. Benedikt hätte nicht gedacht, dass das Schmetterlingsmädchen so starke Arme hatte. Gleich fühlte er sich bei Steffi sicher.

„Bist du bereit?"

Benedikt nickte.

Da brauste Luft um ihn herum auf wie in einem plötzlichen Sturm. Benedikt spürte, wie er hochgehoben wurde. Er befand sich nicht mehr auf dem Fensterbrett. Er befand sich bereits hoch in der Luft. Unter ihm lagen die Lichter der kleinen Stadt. Wie die Landschaft einer Spielzeugeisenbahn. Und der Mond und die Sterne über ihnen kamen dem Jungen zum Greifen nahe vor.

Benedikt fürchtete sich jetzt nicht mehr. Seine Angst war in seinem Zimmer geblieben. An ihrer Stelle stieg ein unglaubliches Gefühl in ihm hoch, ein Jauchzen vor Glück.

Das glaubt mir keiner!, dachte Benedikt. *Ich fliege!*

Die Scheune

Sie landeten vor einer alten Scheune. Die Scheune befand sich ein gutes Stück außerhalb der kleinen Stadt inmitten von Feldern. In der Dunkelheit erschien Benedikt das Holz, aus dem das Gebäude errichtet war, fast schwarz.

„Hier stört uns sicher keiner", sagte Steffi, als sie im Gras aufsetzte.

Benedikt war, als schwankte der Boden unter seinen Füßen. Das kam wohl vom Fliegen. Er ging ein paar Schritte, dann hatte sich dieses Gefühl auch schon wieder gegeben. Er schaute sich um. Der Platz vor der Scheune war durch hohe Büsche und einige Bäume von den Feldern abgegrenzt. Hier waren sie wirklich vor unliebsamen Blicken geschützt.

„Wo sind Onkel Theodor und Sascha?", fragte er.

Wie auf Befehl wurde das Rauschen des Windes in den Baumkronen stärker. Benedikt legte den Kopf in den Nacken. Da konnte er einen Schatten erkennen wie eine Monsterfledermaus. Der Schatten sank durch die Nacht auf Steffi und ihn herab. Das Faltermädchen gab Benedikt einen leichten Stoß mit dem Ellbogen. Als er zu ihr hinsah, legte sie einen Finger auf die Lippen. Benedikt nickte. Ihm war klar, dass sie nicht miteinander reden durften, wenn Sascha es hören konnte.

Die Freunde hatten Saschas Adresse aus dem Internet. Es gab nur einen Maierhuber in der Stadt. So hieß Sascha mit Familiennamen. Im Schutz der Dunkelheit hatte Onkel Theodor Sascha geholt. Er hatte ihn im Schlaf überrascht und ihm eine Haube über die Stirn und die Augen gezogen. Dann hatte er ihn gepackt und war mit ihm geradewegs durchs Fenster abgehauen.

Erst als der Mottenmann sicher auf dem Boden gelandet war, ließ er Sascha wieder frei. Steffi stand schon bereit. Sie streckte ihrem Onkel die Hand hin. Dieser ergriff sie und in null Komma nichts waren die beiden um die nächste Ecke der Scheune verschwunden. Jetzt kommt's auf mich an!, dachte Benedikt.

Sascha war bloßfüßig. Er trug einen Pyjama mit außerirdischen Monstern. Er riss sich die Haube vom Kopf.

Steffi hatte Benedikt ihre Taschenlampe zugesteckt. Jetzt knipste er sie an. Sascha zwinkerte in der plötzlichen Helligkeit. Es dauerte ein paar Momente, bis er klar sehen konnte. Er schaute ziemlich verdattert, als er Benedikt erkannte.

„Du? Der Winzling?", rief er. „Was soll das Ganze?"

Benedikt hatte sich genau überlegt, was er sagen wollte. „Reg dich nicht auf", meinte er und bemühte sich, seiner Stimme einen möglichst festen Klang zu geben. „Heute ist die Gespensternacht!"

Sascha gab etwas von sich, das wohl ein Lachen sein sollte. Es hörte sich aber eher wie ein Hustenanfall an. „Die Gespensternacht? Hast du einen Knall?"

Auf diese Frage ging Benedikt nicht ein. „Du hast eine Prüfung vor dir", sagte er. „Sie wird zeigen, ob du mutig bist ... oder ein Hosenscheißer."

Als er das letzte Wort sagte, glaubte er, Sascha würde auf ihn losgehen. Nie im Leben hätte er sich träumen lassen, einmal so mit ihm zu sprechen. Doch jetzt war es heraus. Mit geballten Fäusten stand Sascha vor ihm, wütend starrte er ihn an. Aber er

Schlug nicht zu. Der unfreiwillige Ausflug mit Onkel Theodor hatte ihn wohl doch ziemlich durcheinander gebracht.

„Eine Prüfung?", fragte er.

Es war Sascha anzumerken, wie unsicher er sich fühlte. Benedikt dachte: So sollten ihn mal all die Kinder sehen, die er schon verprügelt hat.

Laut sagte er: „Hier in der Scheune. Es wird sich zeigen, ob du wirklich Mumm in den Knochen hast. Oder ob du immer nur so groß tust."

Er leuchtete auf das Scheunentor. Es stand einen Spalt offen. „Komm!", forderte er ihn auf.

Sascha ging zwei Schritte, dann blieb er wieder stehen.

„Wie hast du das eigentlich gemacht?", wollte er wissen.

„Was?"

„Wie du mich aus meinem Zimmer geholt hast. Und hierher gebracht. Wie hast du das geschafft? Das ging doch nicht ..."

Benedikt ließ ihn nicht ausreden. „... nicht mit rechten Dingen zu. Wolltest du das sagen?" Er grinste. „Ja, das stimmt. Ich hab dir doch gesagt, dass heute eine Gespensternacht ist. Also ..." Er leuchtete ihnen voran. „Wir sollten jetzt wirklich hineingehen. Die Geister warten schon!"

Durch den Spalt, den das Tor offenstand, drang ein wenig weißer Mondschein in die Scheune. Abgesehen davon war es drinnen stockdunkel. Benedikt und Sascha standen in diesem Balken aus Licht. Benedikt zog das Tor zu, da umgab sie absolute Finsternis.

Benedikt leuchtete in der Scheune umher. Der Lichtstrahl der Taschenlampe streifte über Heuballen, dicke Holzbalken und eine Leiter, die zu einer zweiten Ebene dicht unter dem Dach hinaufführte. Überall Schatten und das Knistern und Knarren eines alten Gebäudes in der Nacht. Es war richtig unheimlich. Wäre Benedikt in Steffis Plan nicht eingeweiht gewesen, hätte ihn die Angst wohl im Nacken gepackt.

Sascha aber reagierte ganz anders. Eins ums andere Mal stampfte er zornig mit den bloßen Füßen auf und rief: „Jetzt reicht's mir aber! Was soll das Ganze?" Und er drohte Benedikt: „Knochengerippe, das wirst du büßen!"

Darauf Stille. Außer dem Atmen der Jungen gab es keine Laute in der dunklen Scheune. Zumindest bis zu Saschas nächstem Wutausbruch.

„Also, wo sind jetzt diese Gespenster?", knurrte Sascha schließlich. „Hier spukt es ja gar nicht! Und langsam wird mir kalt in meinem Pyjama."

Benedikt wusste nicht, was er darauf sagen sollte. Aber die Antwort wurde ihm ohnehin abgenommen. Denn schon im nächsten Augenblick brach das völlige Chaos aus.

Da war ein Knarren wie von rostigen Kellertüren.

Ein Rasseln wie von eisernen Kerkerketten.

Ein Quieken wie von riesigen Ratten.

Ein Stöhnen wie von ruhelosen Mumien.

Ein Heulen, als hätten sich alle Gespenster der Welt zu einem hustenheiseren Chor vereinigt.

Es war, als würde sich Papa Florian im Fernsehen einen echt argen Gruselfilm anschauen. Und als hörte Benedikt aus dem Nebenzimmer die Stimmen, Geräusche und die Musik mit. Nur hundertfach verstärkt eben. Kein Wunder, dass Sascha die Haare zu Berge standen.

Ein Schatten sauste herab. Steffi musste auf dem höchsten Dachbalken gekauert haben. Sie war von Kopf bis Fuß schwarz gekleidet. Um ihre Flügel hatte sie dunkle Tücher geschlungen. Ihr Gesicht war von einer Skihaube verdeckt. Nur der Mund und die Augen waren frei. So war das Faltermädchen mit der Dunkelheit verschmolzen. Und dann hatte sich Steffi einfach fallen lassen.

Wie eine monsterhafte Fledermaus. Oder eine ekelige Riesenspinne.

Knapp über den Köpfen der beiden Jungen hielt Steffi an. Aber das Rauschen ihrer Schwingen, das wie ein plötzlicher Windstoß durch die Scheune fegte, genügte: Sascha geriet voll in Panik. Er rannte los, lief kreuz und quer durch die Scheune und stieß dabei ständig gegen ein dunkles Hindernis.

„Weg! Fort mit dir!", schrie er dabei.

„Geh weg!", jodelte er.

„Hiiiiilfeeeee!", kreischte er.

Mit den Armen versuchte Sascha, den vermeintlichen Geist

zu treffen. Aber vergeblich. Denn Steffi zischte durch die Luft wie die wagemutigste Trapezartistin der Welt. Sie flitzte auf Sascha zu, als wollte sie ihm ins Gesicht springen. Erst im allerletzten Moment bremste sie ab. Oder sie schlug einen Haken und umschwirrte Sascha wie eine summende Hummel, die völlig außer Rand und Band geraten war. Wann immer sich die Gelegenheit dazu bot, piekste und kitzelte sie Sascha. Sie schnalzte mit der Zunge und fuhr Sascha mit spitzen Fingern durchs Haar. Sie glotzte ihm für eine Sekunde aus ihrer Skihaube ins Gesicht und rollte dabei gar fürchterlich mit den Augen. Das hatte sie sich sicherlich von Onkel Theodor abgeschaut. Und es war schauriger als eine Fahrt in der schaurigsten Geisterbahn.

Zwischen ihren Sturzflügen legte Steffi immer wieder eine Segelflugrunde ein. Dabei sang sie einen Geisterreim:

„Klipper, klapper, kluster,
jetzt wird´s dir aber duster!"

Oder einen anderen:

„Kommt ein Geistlein geflogen,
setzt sich nieder auf dein Haar.
Hat spitze Zähnlein im Mündchen,
mit denen beißt's dich dann gar!"

Dieses Liedchen sang sie mit solch heiserer Grabesstimme, dass sogar Benedikt spürte, wie sich die Härchen in seinem Nacken aufstellten. Ja, Steffi Zitronenfalter war in Fahrt, als hätte sie ihr ganzes Leben nichts anderes getan, als verdutzte Buben zu erschrecken.

Natürlich passte das Mädchen auf, Sascha nicht wirklich weh zu tun. Sie jagte ihm nur Angst ein. Dies aber so gründlich, dass der Junge es im ersten Moment gar nicht bemerkte, als das schwarze Gespenst wieder von ihm abließ. Geduckt und mit über dem Kopf zusammengeschlagenen Armen stand Sascha da. Und gerade, als er wieder aufzusehen wagte, senkte sich eine Schattenwolke über ihn.

Auch diese Wolke war niemand anderer als Steffi Zitronenfalter in ihrer gruseligen Verkleidung. Sie hatte ihre Flügel so weit ausgebreitet, wie es nur ging. Die schwarzen Tücher umflatterten sie. Auf diese Weise war eine Art Gewitterwolke entstanden, die langsam niederschwebte. Als Steffi auf dem heubedeckten Boden der Scheune aufsetzte, befand sie sich direkt vor Sascha.

Steffi hielt eine altmodische Laterne in der Hand. Das flackernde Licht fiel auf Sascha. Die Furcht stand dem Jungen ins Gesicht geschrieben. Er war kreidebleich, seine Zähne klapperten wie ein Morseapparat.

Benedikt hatte sich in eine Ecke gedrückt, er beobachtete alles genau. Beinahe tat ihm Sascha leid, fast hatte er ein schlechtes Gewissen. Es war irgendwie gemein, was sie da mit dem Jungen anstellten. Benedikt wäre es lieber gewesen, mit Sascha vernünftig zu reden. Da stimmte er völlig mit Willibald überein. Aber mit Sascha konnte man nicht vernünftig reden. So hatte er es im Grunde genommen auch nicht anders ver-

dient, als ordentlich erschreckt zu werden. So wie er jetzt drein-
schaute, würde er diese Nacht jedenfalls nicht so schnell vergessen.

Und der Spuk war noch nicht vorüber. Mit einemmal tauchte
auch schräg über ihnen auf dem Heuboden ein rötlicher Later-
nenschein auf. Onkel Theodor trat dicht neben dem oberen Ende der Leiter ins Licht.

Er war es, der dem ganzen Gruselschrecken noch die Krone
aufsetzte.

Onkel Theodors großer Auftritt

Alle starrten gebannt auf Onkel Theodor auf dem Heuboden. Obwohl Benedikt und Steffi wussten, dass der Mottenmann blendend fliegen konnte, hielten auch sie unwillkürlich den Atem an.

Denn der Onkel machte plötzlich einen Schritt ins Leere.

Hing für einen langen Moment bewegungslos in der Luft.

Und schwebte dann – anstatt zu Boden zu poltern – ganz geruhsam auf die kleine Gruppe zu.

Benedikt und Steffi traten zur Seite. Sascha aber stand da wie festgenagelt. Er kaute verbissen auf seiner Unterlippe.

Dann keuchte er nervös: „Wer ... bist denn *du*?"

Onkel Theodor blickte ihn lange an. Er war den anderen so nahe, dass sie sein Atemgemisch aus Zwiebeln und alten Socken riechen konnten. Das war auch für Benedikt und Steffi nicht angenehm.

Dann verzogen sich des Onkels blutrote Lippen zu einem gruseligen Grinsen.

Und sein knochiges Gesicht hatte Ähnlichkeit mit einem Totenschädel, als er leise nuschelte: „Hallo, du Dummkopf! Du bist wohl ein bisschen langsam im Denken. Ist dir nicht klar, wer ich bin? Mein Name ist Graf Dracula!"

Benedikt hätte eigentlich erwartet, dass dies Sascha den Rest geben würde. Dass er nun in vollem Schrecken Reißaus nehmen würde. Aber es kam ganz anders.

Sascha stutzte nämlich. Er fuhr sich durchs nassgeschwitzte Haar, er zog die Brauen in die Höhe.

Und dann sagte er: „Moment mal! Das ist doch alles nicht wahr!"

Nun war es an Onkel Theodor, erstaunt zu sein. „Was? Wieso?", rief er. „Du solltest dich fürchten, Junge! Ich bin ein Vampir! Ich ..."

„Unsinn!", schnitt ihm Sascha ziemlich wagemutig das Wort im Munde ab. „*Du* willst ein Vampir sein?" Er zeigte auf Onkel Theodors Brust. „Mit deinem Wollpullover voller Löcher? Da lachen ja die Hühner!"

Er blickte um sich. „Und du mit deiner Skihaube?", fuhr er Steffi an. „Du schaust doch aus wie Bankräuber in einem Fernsehkrimi! Du bist kein Geist!"

Benedikt fuhr der Schreck in die Glieder. Sascha war ihre Maskerade aufgefallen! Er hatte den Schwindel aufgedeckt! Was sollten sie jetzt tun?

Sascha war wieder obenauf, er hatte Mut geschöpft. Er verschränkte die Arme vor seiner Brust. So, wie es jetzt aussah, hätte die Situation für Benedikt wirklich übel ausgehen können.

Hätte nicht ... Ja, hätte Steffi nicht eingegriffen.

Sie handelte blitzartig. Sie schlug eines ihrer tollen Lufträder. Und als sie wieder auf dem Boden landete, schlang sie Sascha die Arme um den Hals. Sie knirschte dicht an seinem Ohr mit den Zähnen. Sie wies mit einer Hand auf Onkel Theodor. Dann begann sie ein Grusellied zu singen, das es in sich hatte. Und das ging so:

„Du dummer Bub, du denkst,
der dort steht, der ist nicht echt.

Damit hast du aber gar nicht Recht!

Denn das ist der Herr Vampir!

Er trinkt nicht gerne Bier,

er trinkt viel lieber Blut.

Das tut ihm in den Adern gut.

Ja, das tut ihm gut,

das frische, rote Saschablut!"

Für einen Moment wandte Steffi den Kopf in Benedikts Richtung. Da konnte der Junge sehen, wie der Schalk in ihren Augen aus den Löchern der Skihaube funkelte.

Sascha war dermaßen sprachlos, dass er nicht einmal den Versuch machte Steffi abzuschütteln. Sie hing immer noch an seinem Hals. Weil sie ihre Flügel vor Aufregung aber nicht stillhalten konnte, schwebte sie dabei in der Luft. Und damit auch der dicke Sascha, dessen Beine und bloße Füße einen halben Meter über dem Boden herumzappelten.

Damit brach Steffi für Onkel Theodor den Bann. Und der Mottenmann lief zur absoluten Höchstform auf. Er plusterte seine Flügel auf wie ein Vogel sein Gefieder. Er riss die Arme nach oben und steckte seine langen Finger nach Sascha aus.

„Was sagst du da, du kleiner Wicht?", brüllte er, dass die Wände der Scheune erzitterten. *„Ich* bin *kein Vampir?* Das ist es, was du denkst? Na, da wirst du dich jetzt wundern! Aber ganz gehörig!"

Er schnitt eine Grimasse, die sein hageres Gesicht noch mehr in die Länge zog. Und dann zeigte er Sascha zum ersten Mal seine Vampirzähne.

Sie waren lang wie ein Zeigefinger.

Sie waren spitz wie Injektionsnadeln.

Sie waren weiß wie ausgebleichte Knochen.

Und das rötliche Licht der Laternen spiegelte sich in ihnen wie frische Blutstropfen.

Dann begann Onkel Theodor die Zähne zu fletschen. Ein tiefes Wolfsknurren stieg aus seiner Kehle hoch. Er fuhr er sich mit seiner langen Insektenzunge genießerisch über die Lippen.

„So", meinte er mit einem teuflischen Grinsen und einem hungrigen Schmatzen. „Jetzt saug ich dir einmal so richtig schön dein Blut aus, du dummer Bub! Dann kannst du nochmals entscheiden, ob ich echt bin!"

Steffi hatte Sascha längst wieder abgesetzt. Doch dieser rührte sich nicht, wieder einmal war er starr vor Schreck. Er schien immer mehr in sich zusammenzusinken. Er kam Benedikt vor wie ein Schneemann in der Sahara.

Jählings aber kam Bewegung in Sascha. Er sprang hoch, als wollte er Steffi Konkurrenz im Fliegen machen. Dann stieß er einen Schrei aus und stürzte davon.

Riss mit aller Kraft das Scheunentor auf.

Und war auch schon in der Nacht verschwunden.

„Sapperlott und Pfirsichkompott!", rief ihm Onkel Theodor in den gruftigsten Tönen nach. „Wenn ich noch ein einziges Mal erfahre, dass du andere Kinder verhaust, dann komme ich dich holen! Und dann geht´s dir wirklich schlecht! Das kannst du mir glauben!"

Da konnten sich Benedikt und Steffi nicht mehr zurückhalten. Sie prusteten los, sie krümmten sich vor Lachen. Sie fielen einander in die Arme und Benedikt musste aufpassen, dass er nicht zusammen mit dem Faltermädchen abhob.

Und Onkel Theodor? Der platzte beinahe vor Stolz. Mit geschwellter Brust stolzierte er herum wie ein Gockel vor seinen Hennen. Er war ja auch wirklich fabelhaft gewesen.

Er hatte bewiesen, welch schrecklich-schauderlichen Vampir er abgab. Auch wenn seine Saugerzähnchen wie immer nur aus Plastik gewesen waren.

Flugball

Jeden Sonntag vormittags veranstalteten die Schmetterlingsmenschen ein Familienturnier in Flugball. Diesmal war auch
Benedikt dazu eingeladen. Es gab ein reichhaltiges Frühstück:
Nektargetränke und Honigkuchen in allen Variationen. Sie saßen unter gelben Sonnenschirmen auf der Terrasse. Eine Zeitlang war nur Schmatzen und Schlürfen zu hören. Steffi schleckte eine Schale nach der anderen leer.

Amalie warf ihr schon verwunderte Blicke zu. „Hast du nicht
langsam genug, mein Kind?", fragte sie.

Aber Steffi schüttelte nur den Kopf. Sie hörte erst auf, als
wirklich kein Tropfen Nektar mehr da war.

Auch Willibald hatte kräftig zugelangt. Er hatte sich aber an
den Honigkuchen gehalten.

„Ich bin satt bis zum Platzen", stöhnte er, als er den Teller
von sich schob. „Ich kann jetzt nicht spielen. Ich bleibe lieber
sitzen und schaue euch zu."

„Nichts da mit faulen Ausreden, mein Lieber", entgegnete
Amalie. „Gerade jetzt tut dir ein bisschen Bewegung gut."

„Sport ist Mord!", protestierte Willibald.

„Fit mach mit!", trällerte Steffi. „Unser Spielchen ist ein Hit!"

Unter Grummeln und Brummeln gab Willibald nach. Amalie
und Steffi zogen ihn auf und nannten ihn einen alten Opa, als
sie ihm hinunter auf den Rasen folgten. Nur Benedikt war ganz
still. Er war hundemüde. Es war halb drei Uhr früh gewesen, als
er nach ihrem Abenteuer in der Scheune endlich ins Bett gekommen war. Und auch dann war er so aufgeregt, dass er noch

lange wach lag. Erst als es schon dämmerte, hatte sich sein Schlafbedürfnis durchgesetzt. Er hatte den Wecker auf acht Uhr gestellt, weil er die Frühstückseinladung bei seinen Freunden nicht verpassen wollte. Jetzt war er so müde, dass es ihm schwerfiel, Amalies Erklärung der Spielregeln zu folgen.

Willibald hatte schon am Vortag eine weiße Schlangenlinie ins Gras gezeichnet. Das eine Ende dieser Linie befand sich gleich bei den Stufen zur Terrasse. Dort lag ein Tennisball. Das andere Ende befand sich bei den Büschen, die die Lichtung vor dem Haus begrenzten. Ziel des Spiels war es, den Ball auf der Linie so schnell wie möglich bis dorthin zu befördern. Zu diesem Zweck hatte jeder der drei Teilnehmer ein wahres Ungetüm von einem Holzkochlöffel. Nur damit durften sie den Ball berühren.

Wie der Name schon sagte, musste das gesamte Spiel im Fluge vor sich gehen. Deshalb konnte Benedikt auch nicht teilnehmen. Aber er hatte versprochen, die Funktion des Schiedsrichters zu übernehmen.

„Das ist eine gute Idee", hatte Amalie gemeint. „Sonst endet unser Turnier ohnehin meist im Streit. Steffi und Willibald können nämlich beide nicht verlieren!"

Jetzt nahmen die drei Schmetterlingsmenschen Aufstellung. Sie schwebten direkt über dem Ball. Amalie und Willibald hielten sich ruhig, nur Steffi hüpfte ständig in der Luft auf und ab. Benedikt blickte sie bewundernd an. Sie war so fröhlich und quicklebendig und wirkte, als hätte sie die ganze Nacht durchgeschlafen.

„Benedikt, mein Lieber, träumst du mit offenen Augen?"

Der Junge schaute auf. Amalie winkte ihm mit ihrem Kochlöffel zu.

„Hast du eine schlechte Nacht gehabt?", fragte die Schwalbenschwanzdame.

„Nein ... Ja ... Ich ..." Benedikt wusste keine rechte Antwort. Ihn durchzuckte nur ein Gedanke: Hoffentlich finden sie das mit dem Sascha nicht heraus!

Steffi half ihm aus seiner Verlegenheit. „Wir warten nur noch auf das Startsignal!", rief sie und zwinkerte ihm zu.

„Ja! Natürlich!", rief Benedikt zurück. Er hob den rechten Arm. „Achtung ... Fertig ... Los!"

Er ließ den Arm heruntersausen. Augenblicklich stürzten sich die drei Schmetterlingsmenschen auf den Ball. Ein Gewühl aus Armen und Beinen und Flügeln entstand, aus dem sich plötzlich einer der Riesenkochlöffel schob und den Ball traf. Dieser sprang hoch und rollte etwa zehn Meter.

Hinterher kam Steffi wie auf einem unsichtbaren Rodeopferd.

Hinterher kam auch Amalie, die wie eine feine Lady auf einem Luftpolster zu sitzen schien, der sie vorwärts trug.

Und schließlich Willibald, der anscheinend wirklich zu viel gegessen hatte und sich den Bauch hielt, als wollte ihn dieser zu Boden ziehen.

Aber keiner von ihnen hatte eine Chance. Denn von oben schoss ein weiterer Teilnehmer dazu. Direkt aus seiner Dachluke war Onkel Theodor gekommen. Wie ein schwarzer Blitz zischte er im Sturzflug an den drei anderen vorbei.

Er schwang seinen Kochlöffel wie ein Cowboy sein Lasso.

Er blieb damit hart am Ball.

Schob ihn vorwärts, immer die weiße Linie entlang.

Ließ nicht locker.

Und beförderte ihn schließlich mit einem eleganten Schwung ins Ziel.

Mit offenem Mund starrte ihm Benedikt nach. Auch Amalie, Willibald und Steffi hielten an und blickten ganz verdattert drein.

Der Faltervater sprach aus, was alle dachten: „Onkel Theodor? Seit wann kommt der denn bei Sonnenschein vom Dachboden herunter?" Das fragte er den Mottenmann auch, als sie alle am Ziel versammelt waren. Und Amalie fügte besorgt hinzu: „Bist du denn krank, mein Lieber?"

„Krank? Ich? Sehe ich denn so aus?"

„Eigentlich nicht", musste Amalie zugeben.

„Ich fühle mich so frisch und fröhlich wie schon lange nicht mehr!", rief Onkel Theodor aus. „Und da hab ich mir gedacht: Nütze die Gunst der Stunde und zeige deinen lieben Verwandten einmal, was ein Schwebeballprofi ist!"

Willibald konnte es noch immer nicht glauben. „Frisch und fröhlich fühlst du dich?", fragte er. „Und das am helllichten Tage?"

„Ich hatte eben eine überaus erfreuliche Nacht. Ich war so vampirisch wie noch nie. Und ich ..."

Der Onkel griff sich an den Mund. Um ein Haar hätte er sich verplappert. Willibald schaute schon ganz misstrauisch.

Steffi versuchte, ihren Vater abzulenken. „Wir könnten noch ein Spielchen machen", schlug sie vor.

Doch der Faltervater hatte Lunte grochen. „Irgendwas stimmt doch nicht mit euch!", rief er aus.

Steffi spitzte die Lippen, als wollte sie ein Liedchen pfeifen. „Wieso denn?", flötete sie betont unschuldig.

„Der Benedikt ist so müde, dass er fast im Stehen einschläft", sagte Willibald. „Der Onkel Theodor hat ein vampirisches Glückserlebnis hinter sich, was immer das auch sein mag. Und du, Steffi, du hast beim Frühstück sieben Tassen Nektar getrunken: Ich habe mitgezählt."

„Du hast doch auch so viel Kuchen gegessen!", entgegnete Steffi keck.

„Bei mir ist das normal", meinte Willibald. „Und außerdem wirkt Honigkuchen nicht so belebend wie Nektar." Er zog die Brauen hoch. „Hast du so viel davon getrunken, weil du auch müde warst? Weil du deine Müdigkeit auf diese Weise vertreiben wolltest?"

Als keine Antwort kam, stemmte Willibald die Arme in die Hüften. „Also, was ist los mit euch?", wollte er mit ungewohnt strenger Stimme wissen. „Ist heute Nacht etwas geschehen, das wir wissen sollten?"

Und Amalie meinte: „Ihr braucht doch vor uns keine Geheimnisse zu haben, meine Lieben!"

In diesem Moment hätte nicht viel gefehlt und Benedikt wäre mit der Wahrheit herausgerückt. Er hatte ohnehin immer noch ein schlechtes Gewissen wegen Sascha. Er verständigte sich durch einen raschen Blick mit Steffi und Onkel Theodor. Die zwei schauten mindestens so betreten drein, wie sich Benedikt fühlte.

Gerade setzte dieser zu einer Antwort an. Doch er musste sie nicht geben. Die Glocke am Tor läutete nämlich.

„Wer kann das sein?", wunderte sich Amalie. „Besuch am Sonntagvormittag?"

„Das werden wir gleich sehen", meinte Willibald.

Mit raschen Schritten ging er zur Terrasse zurück. Dort lag über dem Geländer sein Morgenmantel. Der Faltervater klappte seine Flügel zusammen, als wären sie aus Papier, und schlüpfte in den Mantel. Verblüfft beobachtete Benedikt ihn dabei. Das Kleidungsstück war so raffiniert geschneidert, dass die Flügel darunter völlig verschwanden. Willibald sah jetzt aus wie ein ganz normaler Mensch. Er schlug den Weg zum Gartentor ein. Benedikt folgte ihm auf dem Fuße. Die anderen mussten sich erst um ihre Verkleidung kümmern. Aber auch sie kamen bald nach: Amalie in einem rosenroten Flatterumhang, Steffi in einem weiten Pulli und Onkel Theodor in seinem Vampirmantel. Auch sie hätte man für die Mitglieder einer normalen Familie halten können. Wenngleich im Fall von Amalie und ihrem Bruder für etwas eigenwillig gekleidete.

Am Tor erwartete sie massenhaft Gepäck: Kisten und Koffer und Kartons. Sie waren auf dem Gehsteig aufgestapelt. Ein Bär von einem Mann in Arbeitshosen zog gerade nochmals an der Kordel. Und zwar so heftig, dass diese beinahe abriss. Was beim Umfang der Oberarme des Mannes kein Wunder war.

Die Glocke bimmelte scheppernd.

„Ist ja gut, ich komme schon!", rief Willibald.

Der Mann blickte ihm durchs Gitter entgegen. „Wird auch Zeit", knurrte er.

„Am Sonntag vormittag müssen Sie sich schon ein bisschen gedulden", sagte Willibald.

„Sonntag vormittag ist auch für mich", gab der Mann unfreundlich zurück. „Ich war nicht heiß drauf, diese Fuhre zu übernehmen. Normalerweise arbeite ich am Sonntag nicht. Aber mein Chef hat mich angerufen und gesagt, dass es so dringend ist."

Willibald zog einen großen eisernen Schlüssel hervor und steckte ihn ins Schloss. Mit leisem Knarren schwang das Tor auf.

„Dringend?", meinte Willibald zweifelnd. „Das verstehe ich nicht." Er wies auf die Gepäckstücke. „Wir haben das nicht bestellt!"

„Das geht mich nichts an", meinte der Lieferant. „Ich habe den Auftrag, das Zeug hier abzuliefern. Was ich hiermit erledigt habe." Wie ein grimmiger Tanzbär auf seinen Wärter blickte er auf Willibald herab. „Unterschreiben Sie hier!", sagte er und hielt ihm einen Zettel hin.

„Warten Sie mal!", protestierte Willibald. „Wie sollen wir all diese Kisten und Koffer denn ins Haus tragen?"

„Auch das ist nicht mein Kaffee. Nun bestätigen Sie schon die Lieferung! Ich möchte wieder fahren!"

Willibald kritzelte seine Unterschrift auf den Zettel und der Lieferant zog ab. Sein Lastwagen hinterließ eine schwarzstinkende Dieselwolke, die sich nur langsam auflöste. Zurück blieben Benedikt und seine Freunde inmitten von Bergen von Gepäck.

Unter Steffis weitem Pullover zuckte es verdächtig. Benedikt konnte sich gut vorstellen, dass das Faltermädchen nur allzu gern eine Runde über dem Stapel geflogen wäre.

Willibald schüttelte ein ums andere Mal den Kopf.

„Ich weiß wirklich nicht, was ich sagen soll", meinte er. „Wie steht es mit dir, Amalie? Kannst du mit all dem etwas anfangen?"

Doch Amalie antwortete nicht. Sie stand da, als hätte sie ein Gespenst gesehen. So ähnlich wie Sascha in der Scheune kam sie Benedikt vor. Alle Farbe war aus ihren Wangen gewichen. Mit einer Hand klammerte sie sich an Onkel Theodors Arm. Und auch der schien auf einen Schlag vergessen zu haben, dass er sich eben noch frisch und fröhlich gefühlt hatte.

„Amalie!" Willibald strich seiner Ehefrau mehrmals über die Schultern. Dabei verheddert e er sich aber in ihrem Umhang, den der Wind hochwehte wie eine Fahne. Hastig sprang er einen Schritt zurück. Er wollte wohl nicht rosenrot vermummt werden.

„Was hast du denn?", fragte er dann.

Und Steffi stimmte ein: „Red schon, Mama!"

Da räusperte sich Amalie. „Ich weiß", sagte sie leise, „wem das Gepäck gehört."

Steffi war ganz zappelig vor Ungeduld. „Wem denn?", rief sie.

Offenbar wusste auch Onkel Theodor darüber Bescheid. Denn er war es, der schließlich mit Grabesstimme sagte: „Die Kisten und Koffer gehören Skeos Skarabäus. Dem Pillendreher."

„Ich kenne ihn aus meiner Jugend", erzählte Amalie. „Theodor und ich waren damals einen Sommer lang zu Besuch bei Verwandten in Amerika. Es war mein erster Urlaub ohne Eltern. Ich durfte nur deshalb fahren, weil mein großer Bruder mit war."

„Und was hat dieser Skeos damit zu tun?", wollte Steffi wissen.

„Warte nur einen Moment, mein Liebes", sagte Amalie, „und du wirst es verstehen. Also ..." Sie sammelte ihre Gedanken und fuhr dann fort. „Die Verwandten, die wir besuchten, waren Zwillinge. Großtanten. Entzückende ältere Damen. Sie glichen einander wie ein Ei dem anderen. Sie waren Monarchenfalter und wohnten in einer Blockhütte in den Rocky Mountains. Das ist ein Gebirge in Nordamerika. Es gibt dort einen Nationalpark, der heißt Yellowstone. An seinem Rand stand die Hütte. Dort leben viele seltene Arten von Schmetterlingen. Die beiden Tanten setzten sich für ihren Schutz ein."

„Dort waren wir zu Gast", sagte Onkel Theodor, als Amalie eine Pause machte. „Und ich muss sagen, es war ein wunderschöner Sommer. Ich war so gut drauf, dass ich mich gar nicht als Vampir verkleidete. Nun ja ..." Er grinste übers ganze Gesicht. „Die Tanten hatten Schränke voll leckerer Kleider und Mäntel und rein gar nichts dagegen, dass ich davon kostete."

„Du hast sie doch nicht gefragt, mein Lieber", meinte Amalie zu ihrem Bruder.

„Was man nicht weiß, das macht einen nicht heiß", sagte

Onkel Theodor. „Und ich glaube wirklich nicht, dass sie etwas dagegen gehabt hätten. Sie waren so liebe Tantchen! Doch ich will nicht abschweifen: Als es Herbst wurde, wollten wir uns auf die Heimreise machen. Und die Monarchentanten bereiteten sich für ihren Flug nach Süden vor. Jedes Jahr verbrachten sie den Winter in einer wärmeren Gegend, in Florida. Nur dieses Jahr kam es anders."

„Wegen Skeos Skarabäus?", fragte Willibald.

„Nicht ursprünglich wegen ihm. Sondern wegen des Wetters", sagte Amalie. „Wir wurden durch einen ungewöhnlich frühen Wintereinbruch überrascht. Schneefall Anfang Oktober! Und zwar in solchen Mengen, dass an einen Flug der Tanten nicht mehr zu denken war. Es hätte ihnen beim Fliegen zweifellos die Flügel vereist! Wir saßen also in der Blockhütte fest. Da tauchte Skeos auf."

„Trotz des Schneefalls?", warf Steffi ein.

„*Wegen* des Schneefalls", sagte Amalie. „Er kam in einem Pistenfahrzeug. Er war auf der Suche nach einem warmen und sicheren Platz. Für sein Ei und die Brutpille."

„Jetzt versteh ich gar nichts mehr!", rief Steffi.

„Skeos Skarabäus ist ein Pillendreher. Ein Käfermensch und somit ein ganz weit entfernter Verwandter von uns. Insektenmenschen sind wir ja alle! Und wenn dann so ein verzweifelter Cousin wievielten Grades auch immer daherkommt und Unterschlupf sucht, dann kann man ihm doch nicht die Tür weisen!"

„Ein Pillendreher ..." Benedikt erinnerte sich, in der Schule einmal von diesen Käfern gehört zu haben. „Da war doch etwas mit den Pharaonen im alten Ägypten ..."

„Genau", gab ihm Onkel Theodor Recht. „Im alten Ägypten wurden Skarabäen für heilig gehalten. Weil sie ihre Eier in Kotkugeln legen. Dungpillen kann man auch dazu sagen. Für die Ägypter waren diese Pillen ein Symbol für die Sonne. Und die verehrten sie ja als Gottheit."

Er machte eine kurze Pause, dann sagte er: „Wie dem auch sei, jedenfalls sind die Kotkugeln da, damit die Larven nach dem Ausschlüpfen etwas zu essen haben."

„Pfui Spinne!", rief Steffi und verzog das Gesicht. „Die essen Schei- ...?"

Amalies strenger Blick ließ sie verstummen.

Onkel Theodor zuckte mit den Achseln. „So ist das eben bei denen. Das ist die Leibspeise der Larven. Und damals in Amerika hatte Skeos Unmengen von Gepäck. Ratet mal, was er darin transportiert hat!"

Alle sahen den Onkel fragend an. Da kam Benedikt plötzlich ein Gedanke. „Du willst doch nicht sagen", rief er aus, „er hatte Dung in den Koffern?"

„Doch", sagte Onkel Theodor. „Er hat die ganze Hütte damit verstunken, über Wochen hinweg. Im Freien wären die Kugeln ja gefroren. Die armen Tantchen haben sich furchtbar aufgeregt. Und im Jahr darauf sind sie umgezogen. Der Gestank war einfach nicht mehr aus der Hütte zu kriegen!"

„Das kann ich mir vorstellen!", kicherte Steffi.

„Das Schlimmste kommt aber noch!", setzte Onkel Theodor mit saurer Miene fort: „Auch nachdem die Larve geschlüpft war, wollte Skeos nicht ausziehen. Er blieb bis zum Frühjahr. Die armen Tanten konnten ihn einfach nicht loswerden." Mit einem

Seitenblick auf seine Schwester sagte er: „Er hatte sich nämlich in Amalie verschaut."

Vorhin war die Schwalbenschwanzdame ganz bleich geworden, nun bekam sie rote Flecken im Gesicht. „Ich hab ihm aber keine Hoffnungen gemacht", sagte sie. „Da gab es nämlich zu Hause einen jungen Mann namens Willibald. Der wusste zwar noch nichts davon, aber er hat mir schon damals gefallen."

„Ja sowas!" Willibald warf aufgeregt die Arme in die Luft. „Und jetzt taucht dieser Skeos bei uns auf! Oder zumindest sein Gepäck ..."

Da unterbrach ihn eine Stimme von der anderen Seite der Koffer. „Keine Sorge", sagte sie. „Ich schicke nicht nur mein Gepäck in der Weltgeschichte herum. Ich komme höchstpersönlich, um meine geschätzten Verwandten zu besuchen!"

Eine kleine, fast kugelrunde Gestalt trat hinter dem Stapel hervor. Mit einem Frack wie bei einem zu dick geratenen Pinguin. Mit schwarzen Schuhen, die glänzten, dass man sich drin spiegeln konnte. Mit einem Oberlippenbärtchen, so dünn wie aufgemalt. Und mit eingeöltem Haar, das zum Vorschein kam, als der Zylinderhut gelüftet wurde.

„Gestatten", sagte die Gestalt mit seidenglatter Stimme und einer höflichen Verbeugung. „Skeos Skarabäus." Er breitete die Arme aus und kam auf Amalie zu. „Wie geht es dir, meine Lieblingsfalterdame?"

Mehr erfuhr Benedikt vorerst nicht über den seltsamen Gast. Er hatte seinem Papa versprochen, rechtzeitig zum Mittagessen zu Hause zu sein. Und er wollte nicht schon wieder zu spät kommen.

So schwer es ihm fiel, verabschiedete er sich deshalb von seinen Freunden und dem Skarabäusmenschen.

Schon beim Frühstück hatte Amalie ein großes Stück Honigkuchen für Benedikts Papa eingepackt. Florian probierte es zur Nachspeise. Und er war begeistert.

„Einmalig!", rief er. „Ein herrliches Rezept! Das muss ich haben!"

„Die Mutter von ... einem Freund hat den Kuchen gemacht."

„Das hast du schon gesagt. Aber das Rezept! Glaubst du, dass sie es mir gibt?"

„Sie ist da sehr heikel. Sie ..."

Florian sprang auf. „Ich werde sie anrufen. Kennst du die Nummer?"

„Die ..." Verzweifelt suchte Florian nach einer Ausrede. „Die haben kein Telefon", sagte er schließlich. „Sie sind erst vor kurzem hierhergezogen. Und Handys mögen sie nicht. Sie sind ... ein bisschen altmodisch."

„Aber vom Kochen verstehen sie was! Und du hast dich schon mit dem Buben angefreundet? Das ist nett."

„Er geht in meine Klasse."

„Aha ... Wir sollten die Familie einmal zum Essen einladen. Vielleicht lässt sich die Köchin dann doch erweichen und rückt mit diesem Rezept heraus." Er schleckte sich die Lippen. „Der Kuchen war wirklich köstlich!"

„Ich werde sie nach dem Rezept fragen", sagte Benedikt.

„Das wäre lieb von dir." Florian wuselte ihm durch die Haare."Und jetzt", sagte er, „habe ich eine Überraschung für dich."

„Ja? Was denn?"

„Wir gehen heute Nachmittag ins Kino. Ein toller neuer Weltraumfilm. Über einen Außerirdischern, der auf der Erde notlanden muss." Er lachte. „Gerade recht für uns zwei Sternenkrieger!"

„Ins Kino? Heute?"

Florian sah ihn verwundert an.

„Was hast du denn? Freust du dich nicht?"

Die Wahrheit war, dass Benedikt nach dem Essen eigentlich wieder zu seinen Freunden gehen wollte. Er war schon so neugierig, ob der Pillendreher auch diesmal die Koffer voller Dung hatte. Doch das konnte er seinem Papa natürlich nicht erzählen. Er wollte ihm auch nicht den Spaß an dem Kinobesuch verderben. Normalerweise freute sich Benedikt ja, wenn sie sich zusammen einen Film ansahen. Er war froh, einen Papa zu haben, der etwas mit ihm unternahm. Außerdem brauchte er die Karte dann nicht von seinem Taschengeld zu bezahlen und eine Riesenportion Popcorn bekam er auch jedes Mal.

So sagte er: „Es ist nichts. Klar freue ich mich auf den Film!"

„Super!" Florian strahlte. „Hilfst du mir noch, die Küche zusammenzuräumen?", fragte er mit einem Blick auf seine Armbanduhr. „Und dann zischen wir schon ab, ja? Ich habe Lust auf ein großes Eis vor dem Kino."

So kam es, dass Benedikt den Nachmittag mit seinem Papa verbrachte. Doch was er auch tat, während des Eisessens und dann während der Weltraumflüge, die vor ihm abliefen, er dachte doch die ganze Zeit nur an Skeos Skarabäus.

Würde er am nächsten Tag erfahren, weshalb der Pillendreher die Schmetterlingsmenschen besucht hatte?

Sascha, eingeschüchtert

Am Montag ging Benedikt mit Kribbeln im Bauch in die Schule. Schließlich würde er Sascha zum ersten Mal nach der Nacht in der Scheune begegnen. Es wäre doch möglich, dass sich Sascha alles durch den Kopf hatte gehen lassen. Und zu dem Schluss gekommen war, dass er auf einen Schwindel hereingefallen war. Benedikt konnte sich gut vorstellen, dass sich Sascha gleich in der Früh auf ihn stürzen und ihm alles heimzahlen würde.

So hatte er einen ziemlichen Bammel, als er die Klasse betrat. Doch es kam ganz anders, als er gefürchtet hatte.

Waldgnome und Bäume standen dort herum. Fliegenpilze saßen auf den Tischen. Ein Wolf zwängte sich in sein Fell. Eine Hexe klebte sich Warzen auf die Nase. Und ein Mädchen probierte vor einem Spiegel verschiedene rote Baseballkappen.

Benedikt griff sich an die Stirn. In der Aufregung mit Sascha und seinen neuen Freunden hatte er die Theaterprobe völlig vergessen. Die Klasse wollte zum Schulschluss ein Stück aufführen. Die Kinder hatten es mit ihrer Lehrerin selbst geschrieben. Sie hatten es auch schon einige Male geprobt. Und für heute war die erste Probe mit Kostümen angesetzt.

Als Kleinster der Klasse hatte Benedikt natürlich nicht die Hauptrolle bekommen. Er spielte einen Waldbaum. Die meiste Zeit musste er nur dekorativ auf der Bühne herumstehen.

Einmal aber ging das Mädchen mit der Baseballkappe an ihm vorbei. Dann rief er mit dramatisch blätterrauschender Stimme:

„Hör doch, es wehet der Wind! Lauf schnell nach Hause, du rotkäppiges Kind!"

Sascha stellte den Wolf dar. Bei seiner Größe war diese Rolle für ihn wie geschaffen. Nur beim Text war er bei den bisherigen Proben nicht sattelfest gewesen. Er hatte die meiste Zeit nur geknurrt und gebellt und die Zähne gefletscht und den anderen Kindern Angst einzujagen versucht. Doch heute war er ungewöhnlich ruhig.

Er war nicht gerade damit beschäftigt, die Mädchen an den Haaren zu ziehen. Oder einem der Jungen so fest auf den Rücken zu klopfen, dass dieser vornüber fiel.

Sascha hatte sich sein Wolfkostüm angezogen und dann Benedikt im Auge behalten. Als dieser aber zu ihm hinsah, schaute er rasch weg. Er saß still und stumm an seinem Tisch. Wie ein Wolf, der sich vor Rotkäppchens Großmutter fürchtet.

Das kam nicht nur Benedikt seltsam vor. Immer wieder warfen die Mitschülerinnen und Mitschüler verwunderte Blicke in Saschas Richtung. Sie flüsterten miteinander. Aber laut sagte niemand etwas zu ihm. Offensichtlich traute keiner dem unerwarteten Frieden.

Sogar Benedikts Lehrerin wunderte sich. „Was ist denn heute los mit dir?", fragte sie den Wolf.

Dieser gab ihr jedoch keine Antwort, und die Lehrerin zog kopfschüttelnd ab.

Für Benedikt war klar: Steffis und Onkel Theodors Vorstellung hatte ihre Wirkung nicht verfehlt.

Jetzt hätte er selbst eine andere Art von Vorstellung abliefern können. Er hätte lässig zu Sascha schlendern können. Und dort eine witzige Bemerkung machen. Über einen Wolf, der den Schwanz einzieht. Der sich vor einer Maus fürchten würde. Und der besser im Zoo aufgehoben wäre. Das Interesse seiner Mitschülerinnen und Mitschüler wäre Benedikt sicher gewesen.

Doch er tat nichts dergleichen. Er suchte sich sein Baumkostüm und schaute nicht mehr zu Sascha hin. Benedikt war schon oft genug in seinem Leben eingeschüchtert gewesen. Er wusste ganz genau, wie sich Sascha im Moment fühlte. Wie schon in der Scheune tat ihm der dicke Junge leid.

Trotzdem war er froh, dass Sascha an diesem Morgen friedlich war. Kein Wunder: Es war das erste Mal, seit Benedikt in die Schule ging, dass er sich nicht vor ihm zu fürchten brauchte.

Bendikt hatte seinem Papa vorgeflunkert, er würde bei seinem neuen Freund zu Mittag essen. Gleich nach der Schule lief er zur Villa der Schmetterlingsmenschen.

Das Tor war verschlossen, Benedikt zog an der Kordel. Das Läuten der Glocke war noch nicht verklungen, da sprang schon Steffi hinter einem Busch hervor.

„Ha, Fremder!", rief sie Benedikt grimmig durch das Gitter des Tores zu. „Was willst du?"

„Fremder?", fragte Benedikt. „Ich ..."

„Ich spiele doch nur!", flüsterte Steffi. „Siehst du nicht, dass ich verkleidet bin?"

Sie drehte sich einmal um die eigene Achse. Dabei flatterte der rotschwarze Umhang, den sie trug. Gleichzeitig zog sich das Faltermädchen eine dunkle Maske übers Gesicht. Sie ließ nur ihre Augen frei.

„Begehrst du Einlass hier", sang Steffi, „dann sag mir, wer ich bin, hier vor dir!"

„Wer bist du?" Er hatte keine Ahnung, wen seine Freundin darstellen sollte.

Abermals reimte Steffi: „Rate mal! Drei Superheldinnen bin ich an der Zahl!"

Benedikt zog die Nase kraus. „Bist du Batman?", fragte er.

„Ich bin kein Mann!", rief Steffi. „Hast du das noch nicht ge-schnallt?"

„Also Batgirl?"

„Bin ich auch! Aber nicht nur!"

„Supergirl?"

„Und? Ich bin *drei* Heldinnen!"

Benedikt wusste nicht weiter. „Keine Ahnung", sagte er.

Steffi gab ihm einen Hinweis. „Wenn du da nicht drauf-kommst", sagte sie, „dann *spinnst* du!"

„Spnnen? Ach so! Spidergirl!"

„Genau!" Steffi wirbelte herum.

„Drei Heldinnen in einer Steffi", stellt Benedikt fest.

„Genau! Ich bin die einzigartige Dreifachheldin!"

„Cool."

Steffi sperrte das Tor auf. „Also komm rein", sagte sie, „Ich lasse dich ein."

„Bist du alle drei gleichzeitig?", wollte Benedikt wissen. „Oder abwechselnd?"

„Heute hast du wirklich ein Brett vor dem Kopf", sagte Steffi, grinste Benedikt dabei aber liebevoll an. „In Wahrheit bin ich natürlich Supergirl, das ist ja wohl ganz klar. Die anderen Heldinnen sind nur Tarnung."

Sorgfältig verschloss sie hinter Benedikt das Tor wieder.

„Und wieso musst du dich tarnen?", fragte Benedikt. „Warum hängst du hier am Tor rum und versteckst dich in den Büschen?"

„Damit ja niemand den Garten betritt", erklärte Steffi in verschwörerischem Ton. „Das ist heute besonders wichtig. Meine Aufgabe als Superheldin ist es, meine Familie vor neugierigen Blicken zu schützen. Papa hat gesagt, wenn jetzt wer in unseren Garten kommt, dann liefern sie uns schnurstracks in die Klapsmühle ein."

„Wieso?", fragte Benedikt.

„Na wegen diesem Pillenskeos! Der ist vielleicht ein komischer Kautz!" Steffi hüpfte Benedikt voraus und winkte ihm zu, doch schnell nachzukommen. „Schau selbst, was er mit unserem Garten angestellt hat. Das haut dich garantiert aus den Socken!"

Gestank und Gartengestaltung

Auf dem Weg zum Haus kam ihnen Amalie entgegengeflogen.

„Hab ich doch richtig gehört", rief ihnen die Falterdame zu, „dass es geklingelt hat! Komm weiter, Benedikt, mein Lieber! Das musst du dir ansehen! Du wirst deinen Augen nicht trauen!"

Mittlerweile war Benedikt wirklich gespannt. Ob er nun aus den Socken kippen oder seinen Augen nicht trauen würde, Skeos Skarabäus hatte die Ruhe und den Frieden in der Villa der Schmetterlingsmenschen offenbar ganz gehörig durcheinander gebracht. Und gleich darauf merkte Benedikt, wodurch.

Er erkannte den Platz vor dem Haus nämlich kaum wieder. Die Wiese sah aus, als hätte ein irrer Maulwurf die Gartengestaltung übernommen.

Meterhohe Erdhügel waren aufgeworfen, dazwischen gähnten tiefe Löcher. Von all den schön angelegten Beeten war nichts mehr zu sehen. Die Blüten von Blumen und Stauden lagen abgeknickt am Boden. Der Weg zur Terrasse glich einem Hindernislauf, der vor den Stufen zum Haus abrupt endete. Denn direkt davor war ein Graben ausgehoben. Als hätten Kanalarbeiter mitten in der Arbeit die Lust am Rohreverlegen verloren.

Und über diesem Bild der Verwüstung lag ein ekelhafter Gestank. Wie eine Decke, die man sich übers Gesicht gezogen hat und die einem den Atem nimmt.

Es gab keinen Zweifel, wer dafür verantwortlich war. Skeos Skarabäus war nämlich gerade damit beschäftigt, das Chaos noch zu vergrößern. Er hatte seinen Frack und den Zylinder abgelegt. Stattdessen war er gekleidet wie auf einer Dschungelexpedition. Er trug einen Safarianzug und auf dem Kopf einen Hut mit einem Band aus Leopardenfell. Sein Hemd war so geschneidert, dass der schwarzglänzende Käferpanzer auf dem Rücken zu sehen war.

So kauerte Skeos Skarabäus im Gras. Er war auf den Armen aufgestützt. Die Beine hatte er hochgestreckt. Sie lagen auf einer braunen Kugel, die er auf diese Weise rückwärts wegrollte. Hin und her ging es so, zwischen den Löchern und Erdhaufen hindurch. Erst am Fuße des Schmetterlingsflieders ließ Skeos die Kugel in ein Loch rollen. Sie verschwand darin zur Gänze. Rasch war der Pillendreher wieder auf den Beinen. Mit einem Spaten schaufelte er das Loch zu. Seine Bewegungen waren so flink, dass Benedikt ihnen gar nicht richtig folgen konnte. Es war wie bei einem Film, der im Zeitraffer abgespielt wurde.

Erst als die Erde wieder glatt war, hielt Skeos inne und schaute sich stolz um. „Es ist vollbracht!", rief er. „Das ist ein guter Platz! Schön schattig und feucht."

Benedikt beugte sich zu Steffi. „Was ist vollbracht?", fragte er leise.

„Was er da vergraben hat", erklärte ihm das Faltermädchen, „war eine Dungpille. Die ganze Nacht hat er sie aus dem Kot geformt, den er mitgebracht hat."

„War der wirklich in seinen Koffern?", wollte Benedikt wissen.

„Ja", sagte Steffi. „Das Gepäck war geruchsversiegelt. Drum haben wir vorerst nichts gerochen. Aber dann ..." Sie ließ den

Satz offen, verdrehte die Augen, hielt sich ihr Stupsnäschen zu und vollführte einen kleinen Salto.

„Und dann", sagte Steffi, als ihre Füße wieder den Boden berührten, „hat er ein Ei in die Kugel gelegt."

Sie brach ab, weil Skeos direkt auf sie zukam. Er strahlte übers ganze Gesicht.

„Ich habe das Ei von einer reizenden Falterdame aus Südfrankreich als Geschenk bekommen", verkündete er. „Sozusagen als Liebespfand. Und es als zerbrechliches Gut mit ganz besonderer Vorsicht transportieren lassen."

Er begrüßte Benedikt, dann seufzte er und sagte: „Das Graben war ein hartes Stück Arbeit, das kann ich dir sagen!"

Amalie wagte einen Einwand. „Warum hast du denn nicht nur *ein* Loch gegraben, mein Lieber? Dann hättest du dir viel Anstrengung erspart."

„Und uns diese Mondlandschaft", flüsterte Steffi Benedikt zu.

Skeos schüttelte den Kopf. „Mit einem einzigen Loch geht das nicht", antwortete er auf Amalies Vorschlag. „Die Probegrabungen sind unbedingt notwendig. Ich musste jene Stelle finden, die für meine Pille am geeignetsten ist." Er hob beide Arme und atmete so tief ein, dass sich sein ganzer Brustkasten vorwölbte. „Was sagt ihr zu diesem herrlichen Aroma?", rief er. „Ist das nicht unglaublich?"

„Unglaublich ist es wahrlich!" Das war Willibald. Er hing über ihnen in der Luft. Benedikt hatte ihn nicht kommen hören. Willibalds Stimme bebte vor Zorn. „Dieser Gestank liegt schon über unserem ganzen Garten! Es ist nicht zum Aushalten!"

Und jetzt hast du deine Stinkpille genau unter unserem Flieder vergraben. Willst du, dass er eingeht?"

Doch Skeos ließ sich nicht aus der Ruhe bringen. „Reg dich nicht auf, lieber Willi!", sagte er.

„Ich bin nicht dein lieber Willi", schnauzte Willibald.

„Ich kann dir versichern", sagte Skeos, „dass es nicht einmal in meiner letzten Wohnung besser gerochen hat. Die hat Cousin Arthos Assel und Cousine Tisidora Tausendfüßler gehört. Sie haben sie mir freundlicherweise zur Verfügung gestellt. Und sie war immerhin die Grabkammer eines ägyptischen Pharaos!"

„Es riecht nicht, es *stinkt*!", schrie Willibald.

Da mischte sich unerwartet Onkel Theodor ein. „Schwager, ich muss dir widersprechen. Es duftet *einmalig* hier. So richtig vampirgruftig."

Er saß auf der Spitze eines der Erdhügel und wirkte sogar noch fröhlicher als nach der Nacht in der Scheune. Er hatte eine Flasche in der einen und zwei Gläser in der anderen Hand. Er schwenkte die Flasche in Richtung des Pillendrehers.

„Wie wär's?", fragte er. „Ein Gläschen Nektarsekt zur Feier des Tages?"

„Gern!", antwortete Skeos. „Mein Leib- und Magengetränk!"

„Theodor!", schrie Willibald entsetzt. „Ist das der Sekt aus *meinem* Keller?"

Amalie flatterte kurz mit den Flügeln und erhob sich zu ihrem Mann. Sie legte ihm die Hand auf die Schulter. „Mein Liebster", bat sie, „kannst du nicht versuchen, ein bisschen freundlicher zu unserem Gast zu sein?"

Da wurde Willibald noch wütender. „Freundlicher?", keifte

er. „Gast? Welcher Gast? Ich kann mich nicht erinnern, diesen Pillengartenumgrabungsmeinensektaustrinkungsheini eingeladen zu haben!"

Mit diesen Worten riss er sich von Amalie los. Als wollte er es seiner kunststücksreichen Tochter nachmachen, zischte er hoch in die Luft. Er beschrieb einen Bogen wie eine torkelnde Sternschnuppe. Und verschwand im Dickicht des Gartens.

Einen Moment lang war es ganz still. Dann begann sich Amalie zu räuspern. Sie wollte wohl zu einer Entschuldigung ansetzen, doch Skeos ließ sie gar nicht erst zu Wort kommen.

„Wir wollen uns die gute Laune nicht vermiesen lassen!", rief er. „Her mit dem Sekt! Lasst uns darauf anstoßen, dass wir eine Familie sind. Und dass wir schon bald Nachwuchs bekommen!"

Die Wahrheit kommt ans Tageslicht

Etwas später saßen Skeos und Onkel Theodor immer noch auf der Terrasse. Sie hatten mittlerweile die zweite Flasche Nektarsekt geleert. Sie wirkten schon ziemlich beschwipst und hatten gerade damit angefangen, gruftige Mumienauferstehungslieder zu singen.

Damit waren sie vollauf beschäftigt. So machte der Pillendreher keine Anstalten, die Löcher, die er gegraben hatte, auch wieder zuzuschütten.

Amalie und Steffi waren im Gartenschuppen verschwunden. Sie wollten Schaufeln suchen und sich selbst an diese Arbeit machen. Natürlich hatte Benedikt angeboten ihnen zu helfen. Doch Amalie hatte ihn gebeten, sich stattdessen auf die Suche nach Willibald zu machen:

„Vielleicht schaffst *du* es, ihn zu beruhigen!"

Es dauerte eine Weile, doch dann fand Benedikt den Faltervater. Er saß im Schatten einer alten Eiche. Er hatte die Flügel halb geöffnet und ließ Luft an den Spitzen entlangstreichen. Es war ihm anzusehen, dass er noch immer ziemlich sauer war.

Benedikt setzte sich neben ihn.

„Amalie und Steffi sind gerade beim Löcherzuschütten", kam er ohne Umschweife zur Sache. „Obwohl sie doch nichts dafür können, dass Skeos den Garten aufgegraben hat."

Willibald blickte auf. „Das ist mir schon klar", sagte er. „Und auch, dass Amalie nur versucht, den Frieden zu bewahren. Trotzdem regt mich dieser Schmarotzer auf!"

„Schmarotzer?"

„Freilich! Seine Limousine mit Chauffeur hast du ja gesehen ..."

Benedikt nickte. Er erinnerte sich an den riesigen schwarzen Wagen, der bei der Ankunft des Pillendrehers hinter dem Gepäck geparkt hatte. Skeos hatte erzählt, dass er für alle Fahrten, die er unternahm, eine solche Limousine mietete.

„Und weißt du, warum er sich das leisten kann?", fragte Willlibald und gab gleich selbst die Antwort: „Weil er keinen festen Wohnsitz hat. Weil er kein Haus oder meinetwegen eine Pyramide erhalten muss. Weil er sich bei seinen Verwandten oder südfranzösischen Damen einnistet. Weil er dort nur das Beste vom Besten isst und trinkt und nicht mehr fortzukriegen ist! Wenn der kein Schmarotzer ist, wer ist dann einer?"

„Du hast ja Recht", räumte Benedikt ein. „Aber solltest du nicht besser Amalie helfen, als auf sie böse zu sein?"

„Ach, das bin ich doch gar nicht!" Mit einem Winken seiner Flügel sprang Willibald auf die Beine. „Ich bin nur so verdammt wütend und ..."

Er hielt inne und wandte sich Benedikt direkt zu. „Übrigens: Eigentlich wollte ich die ganze Zeit schon mit dir reden! Aber über was anderes!"

Bendikt schwante Schlimmes. „Worüber denn?", fragte er möglichst unschuldig.

„Kannst du dir das nicht denken?" Auf einmal war der Zorn wieder aus Willibalds Stimme verschwunden. Ernst fragte der Faltervater: „Was war denn nun wirklich los, vorletzte Nacht?"

Er blickte Benedikt tief in die Augen. Da konnte ihn der Junge einfach nicht mehr anlügen. Irgendwie fühlte er sich sogar erleichtert, dass er nicht mehr alles für sich behalten musste. Er erzählte Willibald die ganze Geschichte vom nächtlichen Vampirspuk in der Scheune.

„Und jetzt", schloss er „ist der Sascha in der Schule echt friedlich!"

„Trotzdem ... Bist du wirklich der Meinung, dass es in Ordnung war, was ihr getan habt?"

Benedikt kratzte sich am Ohr. Dann schüttelte er den Kopf.

„Wenn ich ehrlich bin", sagte er leise, „dann hat mir der Sascha die ganze Zeit leidgetan."

„Ich bin froh", sagte Willibald, „dass du mir die Wahrheit gesagt hast. Und mit Steffi und Onkel Theodor werde ich in dieser Angelegenheit auch noch ein Wörtchen zu reden haben."

„Sie wollten mir doch nur helfen!"

„Und hatten eine Menge Spaß dabei, schätze ich. Aber eines steht jetzt fest: Wir haben zwei Probleme, mit denen wir uns befassen müssen."

„Die Sache mit Sascha ..."

„Und die mit Skeos Pillendreher."

Benedikt stöhnte: „Zwei ordentliche Brocken", stellte er fest.

„Da kann ich dir nicht widersprechen. Doch mit Problemen ist es so: Zusammenhalten und sie gemeinsam anpacken, das ist der beste Weg, um zu einer Lösung zu kommen. Und damit fangen wir am besten gleich an. Indem wir Amalie und Steffi beim Löcherzuschütten helfen!"

Er nahm Benedikt an der Hand und zog ihn mit sich in die Luft hinauf. Miteinander flogen sie in Richtung des Hauses.

Sascha, misstrauisch

Es war schon Abend, als Benedikt sich auf den Heimweg machte. Den ganzen Nachmittag hatte er seinen Freunden geholfen, die Hügellandschaft vor ihrem Haus wieder einzuebnen. Nur Skeos Skarabäus und Onkel Theodor hatten nicht mitgemacht. Sie hatten einander so lange zugeprostet, bis sie in ihren Stühlen auf der Terrasse eingeschlafen waren. Doch vielleicht war es auch besser so: Auf diese Weise hatten sie Bendikt und seine Freunde zumindest nicht bei der Arbeit stören können. Und nun hatte der Platz vor der Villa wieder Ähnlichkeit mit einem Garten. Willibald würde gleich morgen früh frischen Rasen anbauen. Und Amalie würde zum Markt gehen und neue Blumen für ihre Beete kaufen.

Benedikt trat aus dem Tor und zog es hinter sich wieder zu. Es war ein schöner Abend. Die Luft war warm und die Grillen waren schwer am Zirpen. Aus einem Baumwipfel winkte Steffi. Dahinter ging gerade die Sonne unter. Sie färbte den Himmel orangerot und rosa ein: Farben, die Amalie sicherlich für einen ihrer Umhänge gefallen hätten.

Da schob sich plötzlich eine Gestalt hinter einem der Kastanienbäume entlang der Straße hervor. Benedikt fuhr zurück. Sascha stand vor ihm. Er stützte die Hände in seine dicken Hüften und kam langsam näher. Ein paar Schritte vor Benedikt blieb er schließlich stehen.

„Hier also versteckst du dich", sagte Sascha. „Im Spukhaus."

Benedikt schluckte. „Ich verstecke mich nicht."

„Nein? Was sonst?

„Hier wohnen Freunde von mir."

„Du mit deinen spukigen Freunden", sagte Sascha darauf.

Er machte keine Anstalten näher zu kommen, aber er behielt Benedikt im Auge.

„Bist du mir nachgegangen?", fragte Benedikt.

Sascha sagte nichts.

„Nach der Schule?"

Wieder keine Antwort.

„Sag bloß, du hast den ganzen Nachmittag hier gewartet?"

„Fast wäre ich wieder abgezogen", sagte Sascha. „Bei dem Gestank!" Er deutete in Richtung des eisernen Tores. „Haben deine Freunde eine Müllhalde in ihrem Garten?"

Benedikt hatte den Gestank der Dungpille stundenlang in der Nase gehabt. Er hatte sich richtig daran gewöhnt. Deshalb war ihm auch gar nicht aufgefallen, dass er mittlerweile bis auf die Straße gezogen war. Wahrscheinlich lag der Gestank bereits über dem ganzen Wohnviertel. Die Leute fragten sich sicherlich schon, woher dieser ekelhafte Geruch kam.

Trotzden sagte Benedikt: „Ich rieche nichts."

„So ein Blödsinn", entgegnete ihm Sascha. Und als könnte er beim besten Willen keine Unterhaltung ohne eine Gemeinheit beenden, fügte er hinzu: „Freunde, die stinken. Die passen zu dir."

Worauf er sich umdrehte und die Straße davonwackelte. Benedikt sah ihm nach, bis er um die nächste Ecke verschwunden war. Sascha war misstrauisch geworden. Er hatte die Sache in der Scheune doch nicht so einfach weggesteckt. Er war Benedikt gefolgt und hatte herausgefunden, wo seine Freunde wohnten.

133

Anscheinend war seine Angst vor Onkel Theodor und der verkleideten Steffi doch nicht so groß, wie Benedikt angenommen hatte.

War zu den Problemen, die er mit Willibald besprochen hatte, noch ein weiteres gekommen?

Willibald hatte sich wirklich vorgenommen, mit Skeos Frieden zu schließen. Doch was der Pillendreher am nächsten Tag anstellte, das war nicht nur dem Faltervater zuviel!

Amalie hatte das Haus verlassen, um Setzlinge für ihre Blumenbeete zu kaufen. Willibald und Steffi waren derweil mit dem Rasen beschäftigt. In der Zwischenzeit verwandelte Skeos zusammen mit Onkel Theodor die alte Villa in ein Geisterhaus.

Davon wussten die Schmetterlingsmenschen nichts, als sie im Garten arbeiteten. Nach der Schule kam Benedikt, er wollte seinen Freunden von seinem gestrigen Erlebnis mit Sascha berichten. Da waren sie gerade fertig mit der Gartenarbeit. Zufrieden betrachteten sie ihr Werk: Der Grassamen war frsich ausgesät, die Blumen waren gepflanzt. Steffi nahm Benedikt mit zu einer Runde über den Platz vor dem Haus. Amalie und Willibald wuschen sich an der Wasserleitung im Garten die Hände.

„Und jetzt ein gutes Mittagessen", sagte der Faltervater.

„Ich habe Theodor gebeten, uns etwas zu kochen", sagte Amalie. „Mal sehen, was er zubereitet hat."

Doch es kam ganz anders.

Sie stiegen die Stufen zur Terrasse hinauf. Dort blieb Benedikt stehen. „Wieso sind denn alle Fensterläden zu?", fragte er.

Willibald zuckte mit den Schultern. Er öffnet die Tür und rief Onkel Theodors Namen ins Haus.

Keine Antwort. Die Tür schwang ganz auf. Im Haus war es stockdunkel. Benedikt und die drei Schmetterlingsmenschen standen im Licht, das von draußen hereinfiel. Doch noch bevor

Willibald eine Lampe einschalten konnte, krachte die Haustür hinter ihnen zu.

Und dann begann die verrückteste Geistershow, die du dir nur vorstellen kannst. Sogar Steffis und Onkel Theodors Auftritt in der Scheune waren nichts dagegen.

Orgelmusik setzte ein, tief wie aus dem Keller und dröhnend, dass Benedikt das Gefühl hatte, sein Magen würde gleich zu tanzen anfangen. Dann ging ein rötliches Licht an, oben auf der geschwungenen Treppe zum ersten Stock. Eine schwarze Gestalt stand dort. Sie war von Kopf bis Fuß vermummt. Doch jetzt riss sie sich mit einem Ruck den dunklen Umhang weg. Onkel Theodor kam zum Vorschein, mit bleichem Gesicht und blutroten Lippen. Die Orgelmusik wurde leiser, der Onkel klapperte mit seinen falschen Beißerchen im Takt. Und er sang:

„Es war ein Mann, Graf Dracula,
der lebte hier im Haus.
Er fraß die Kinder reihenweis',
es machte ihm nichts aus,
wenn sie die Angst zum Schreien bracht,
wohl in der Mitt' der finstren Nacht.
Es war ein Mann, Graf Dracula,
ich bin sein Ebenbild,
reckt eure Hälse schon, denn euer Blut,
das macht mich noch ganz wild.“

Kaum war der Onkel mit seinem Text durch, schwollen die Orgelklänge wieder an. Überall in der Halle flackerten Kerzen auf, es mussten Hunderte sein. Türen öffneten und schlossen sich wie von Geisterhand. Das Knarren der Angeln übertönte hie und da sogar die schaurige Musik. Nebel wallte auf wie der Atem eines Ungeheuers aus der Eiszeit. Plötzlich glühte über den Freunden ein Netz aus Spinnweben rötlich und golden. Es durchzog die ganze Halle und sah aus, als stürzte über ihnen ein Baldachin aus Feuer zusammen.

Dann tauchte ein Gruselchor auf. Verborgene Lichter beleuchteten mit einemmal Skelette. Und die drehten sich und tanzten und warfen ihre knöchernen Arme und Beine herum. Sie klapperten mit ihren Zähnen, dass Onkel Theodors Vampirgebiss nichts dagegen war, und wiederholten mehrstimmig die Liedzeile von Graf Dracula.

Mitten in diesem Geisterbahntumult erschien die Mumie.

Eine Gestalt in Bandagen, sie wankte heran. Sie stakste mit steifen Beinen, die Arme hatte sie nach vorn gestreckt. Auch der Kopf war umwickelt. Nur wo sich die Augen befanden, gähnten dunkle Löcher. Als Onkel Theodors Gesang neuerlich einsetzte, drückte sich Benedikt unwillkürlich an Amalie.

„Es stieg eine Mumie aus ihrem Grab,
ich erzähl euch das, weil ich es mag.
Ihr Fluch brach über alle herein,
über Männer und Frauen und die Kinderlein.
Keinen ließ sie leben,
sowas Schreckliches
hat's noch niemals gegeben.“

Mit diesen Worten stieg der Vampir in die Luft. Er zog am Kronleuchter vorbei, dass dieser bedrohlich schwankte. Dann kam er auf Benedikt und seine Freunde zu. Die Mumie folgte ihm und jetzt fing sie sogar zu knurren und zu grollen an.

Amalie bereitete dem Spuk ein Ende.

Wütend stampfte sie mit dem Fuß auf. Ihre Hand fuhr zum Lichtschalter, und auf einmal warf der Kronleuchter seinen hellen Schein auf die Gruselgestalten. Diese erschraken mehr als zuvor die Freunde. Die Orgelmusik brach ab.

„Jetzt ist es aber genug!", rief Amalie. Ihre Stimme klang nicht so sanft und freundlich, wie man es von ihr gewöhnt war.

Die Falterdame stürmte los. Onkel Theodor brachte sich mit einem Sprung hinters Sofa vor ihr in Sicherheit. Amalie hielt geradewegs auf die Mumie zu. Kurzerhand packte sie die Bandagen. Sie riss daran, zum Vorschein kam Skeos Skarabäus.

„Klopapier!", rief Amalie und hielt die Bandagen in die Höhe. Dann steuerte sie auf das Sofa zu. Sie packte ihren Bruder, flog mit ihm ein Stück hoch und ließ ihn dann zu Boden plumpsen.

„Theodor", sagte sie, „ich bin enttäuscht von dir! Wir waren uns doch einig über Skeos. Dass du dich jetzt mit ihm verbündest, das kann ich gar nicht glauben!"

„Man wird seine Meinung über einen lieben Verwandten doch noch ändern dürfen!", beklagte sich Onkel Theodor. „Seine Ideen haben mich beflügelt. So sehr Vampir wie in diesen Tagen habe ich mich noch nie gefühlt!" Aber so eindrucksvoll wie gerade noch bei seinem Auftritt wirkte er nun ganz und gar nicht.

Amalie blickte sich in der Halle um.

„Spinnweben und Plastikskelette", stellte sie fest. „Schmutz und Dreck überall. Ihr habt mein schönes Haus in eine Gruft verwandelt!"

„Du hättest das Finale unserer Gruselshow abwarten sollen", warf Onkel Theodor ein. „Da wäre der Kronleuchter auf den Boden gekracht!"

Amalies Blick sprach mehr als tausend Worte. Doch nun mischte sich Skeos Pillendreher ein.

„Was sagt ihr zu dem Türangelknarren?", fragte er. „Ich habe extra einen Verrostungsspray zusammengemixt. Meine eigene Erfindung."

„Ich habe auch nicht geglaubt, dass du etwas Vernünftiges erfinden würdest", gab Amalie schnippisch zurück.

„Aber das Kerzenaufflackerungssystem!", rief Skeos, während er sich aus den Resten seiner Klopapiermumienbinden befreite. „Die Nebelmaschine! Und der Skeletttanz! Das war alles computergesteuert! Wir haben keine Kosten und Mühen gescheut, um euch eine tolle Show zu bieten! Hat sie euch nicht gefallen?"

„Was soll uns gefallen?", fragte Amalie. „Dass ihr uns noch mehr Arbeit gemacht habt, anstatt uns im Garten zur Hand zu gehen? Das darf doch nicht wahr sein, dass ihr das glaubt!"

Benedikt brachte vor Staunen den Mund nicht mehr zu. Er hatte damit gerechnet, dass es Willibald wäre, der aufs Neue ausrasten würde. Dass stattdessen Amalie die Geduld verlor, hätte er nicht erwartet.

Willibald und Steffi erging es anscheinend ebenso. Grinsend standen die beiden da und beobachteten die Falterdame, die ge-

rade mit gar nicht damenhaften Worten dem Mottenmann und dem Pillendreher zu verstehen gab, dass sie das Haus in einen blitzblanken Zustand zurückzuversetzen hatten und was ihnen blühte, wenn sie sich davor drücken wollten. Die beiden Übeltäter wurden immer kleinlauter und überboten sich geradezu im Nicken und in Versprechungen.

Als Amalie in ihrer Strafpredigt Atem holen musste, trat Benedikt vor.

„Ich habe eine Idee", sagte er. „Ich glaube, ich habe eine Lösung für das Skeosproblem. Und zwar eine endgültige."

Dass es Sascha gewesen war, der ihn unabsichtlich auf diese Idee gebracht hatte, sagte Benedikt in diesem Moment nicht.

Geheime Beratung

Er erzählte es ihnen ein wenig später im Garten. Dass Sascha von einer Müllhalde gesprochen hatte. Weil es im Garten der alten Villa so stinken würde.

„Wir müssen nur eines tun", sagte Benedikt. „Wir verfrachten Skeos Skarabäus samt seiner Dungpille genau dorthin, wo der Gestank nicht weiter auffällt: auf die städtische Müllhalde. „In eine hintere Ecke, wo ihn keiner findet."

„Eine tolle Idee!", jubelte Steffi. „Dort kann er seine Stinkpille vergraben!"

„Und gleich selbst dortbleiben, um auf sie aufzupassen", meinte Amalie und stellte fest: „Beni, du bist ein Genie!"

Doch bevor der Junge auf die allgemeine Begeisterung antworten konnte, warf Willibald ein: „Eine Schwierigkeit gibt es aber noch!"

„Welche, mein Lieber?", wollte Amalie wissen.

Worauf der Faltervater sagte: „Wie kriegen wir Skeos auf die Müllhalde?"

„Wir fangen ihn einfach ein!", rief Steffi.

„Psst, Kind!" Amalie legte einen Finger an die Lippen. „Nicht so laut!"

Doch sie hatten sich in den Schatten einer hohen Eiche zurückgezogen. Diese war ein gutes Stück von der Terrasse entfernt. Onkel Theodor und der Pillendreher waren noch beim Saubermachen im Haus. Die Gefahr, dass einer von ihnen etwas von ihrer geheimen Beratung mitbekam, war nicht besonders groß. Trotzdem dämpfte Steffi ihr helles Stimmchen, als sie weitersprach: „Wir sind in der Überzahl. Da hat der Stinki doch keine Chance!"

Amalie reagierte auf die Ausdrucksweise ihrer Tochter mit hochgezogenen Brauen, sagte aber sonst nichts dazu. Stattdessen meinte sie: „Leider täuscht du dich. Die Überzahl hilft uns nichts. Nie und nimmer würde es uns gelingen, Skeos einfach einzufangen. So klein und rund, wie der ist! Zu einem Ball würde er sich zusammenrollen und weg wäre er. So hat er sich schon damals bei den beiden Tanten jedem Zugriff entzogen!"

Ratloses Schweigen, ratlose Gesichter.

„Also", sagte Willibald nach einer Weile, „müssen wir ihn überraschen."

„Und wie sollen wir das anstellen?", fragte Steffi.

„Ich glaube", sagte Benedikt, „ich habe auch dazu eine Idee."

Den Rest des Nachmittags verbrachten Benedikt und seine Freunde im Haus. Amalie und Willibald durchstöberten den Keller, Steffi und Benedikt den Dachboden. Was sie suchten, waren die stinkigsten alten Schuhe und die käsigsten Socken, die schimmeligsten Lappen und das wurmstichigste Holz, das fauligste Obst und die ältesten Blumenzwiebel, die in der alten Villa aufzutreiben waren.

Was sie fanden, stapelten sie hinter dem Haus. Dort hatte Amalie einen kleinen Gemüsegarten angelegt. Und dort befand sich auch ein Komposthaufen. Gemähtes Gras und Küchenabfälle moderten in der Sonne langsam vor sich hin.

Darauf breitete Benedikt eine Hängematte. Er hatte sich an sie erinnert. Bei seinem ersten Besuch hier im Garten, als er sich an die Schmetterlingsmenschen angeschlichen hatte. Da hatte er sich in der Matte verfangen wie in einem Netz. Das hatte ihn auf die Idee gebracht, sie für die Falle zu verwenden, die sie Skeos stellen wollten.

„Sonst ist sie gut für ein kleines Nachmittagsschläfchen", sagte Willibald und verdrehte träumerisch die Augen.

„Ganz recht", stimmte ihm Amalie zu. „Dieses sanfte Schwingen, das ist wie beim Fliegen."

„Aber jetzt", meinte Willibald, „wird sie uns einen anderen Dienst leisten."

Die Freunde legten ihre stinkenden Schätze auf das Netzwerk der Matte. Amalie goss Milch darüber, die sauer geworden war, sowie Lebertran und Hustensaft und angebrannte Suppe. Steffi kam mit einer Schachtel voll vertrockneter Seepferdchen und alter Fischskelette angeflogen.

„Die hat Onkel Theodor einmal gesammelt", erklärte sie. „Bei einem Urlaub am Meer. Er hat sie mir zum Geburtstag geschenkt."

„Und du kannst dich davon trennen?", fragte Amalie.

Steffi rümpfte ihr Näschen. „Eigentlich hab ich das Zeug nie gemocht."

Der Inhalt der Schachtel verlieh dem Komposthaufen eine weitere Duftnote. Sie erinnerte an Algen und Muscheln und alles, was bei Ebbe am Strand liegen bleibt.

Schließlich bedeckten Willibald die ganze Abfallmischung mit weiterem Gras und Zweigen. Fertig war die Falle, die sich Benedikt für Skeos ausgedacht hatte.

Willibald, Benedikt und Steffi legten sich hinter einem Busch auf die Lauer. Indes lockte Amalie den Pillendreher aus dem Haus.

Sie stellte sich vor ein offenes Fenster und breitete ihre wunderschönen Flügel zur vollen Größe aus. Dann rief sie mit honigsüßer Stimme:

„Skeos, mein Lieber!"

Flugs erschien der Kopf des Pillendrehers am Fenster. „Amalie, meine Liebste, hast du mich gerufen?"

„Lass doch mal die Arbeit sein, mein Lieber", säuselte Amalie. „Es wird Abend. Gerade die richtige Zeit für einen kleinen Spaziergang!"

„Mit dir immer, liebste Amalie!", rief Skeos hocherfreut und sprang mit einem Satz aus dem Fenster.

Anscheinend hatten Onkel Theodor und er den Hausputz bereits beendet. Denn der Pillendreher trug wieder Frack und Zylinder. Wie ein echter Gentleman bot er Amalie den Arm an.

„Wenn jetzt noch einmal einer das Wort „lieb" in den Mund nimmt, werde ich zum Wüterich!", knurrte Willibald.

„Psst, Papa!", flüsterte Steffi. „Er soll uns doch nicht bemerken!"

Amalie und Skeos standen unter dem riesigen Schmetterlingsflieder. Traurig ließ dieser seine Blätter und die Zweige hängen. Die früher so bunten Blüten hatten eine gräuliche Färbung angenommen.

„Schau", sagte Amalie und wies auf den Busch, „das ist dein Werk, Skeos!"

„Ja", antwortete dieser aus tiefstem Herzen. „Ist das nicht herrlich?"

Darauf ging Amalie nicht weiter ein.

„Lass uns ein paar Schritte gehen", sagte sie hingegen. „Ich würde dir gern meinen Gemüsegarten zeigen. Auf den bin ich besonders stolz!"

„Und ich schon sehr gespannt, werte Verwandte", sagte Skeos galant. „Ich bin so froh, dass du deine Sanftmut wieder gefunden hast. Es war wohl Willi, dieser Rohling, der dich gegen mich aufgestachelt hat."

Amalie brauchte darauf nicht mehr zu antworten. Abrupt blieb der Pillendreher nämlich stehen.

„Welch himmlischer Geruch!", rief er aus. „Woher mag er kommen?"

„Von meinem Komposthaufen vielleicht?"

„Ein Komposthaufen? Ja! Wie süß er duftet!"

Skeos Skarabäus warf seinen Zylinderhut vor Freude in die Luft. Gleichzeitig ließ er sich zur Seite fallen und vollführte eine gekonnte Rückenrolle. Geschickt fing er den Hut mit dem Kopf wieder auf.

„Ich *liebe* Komposthaufen!", rief er. „Besonders solche, die gut gefüllt sind!"

„Das, mein Lieber, ist er", sagte Amalie. „Das kann ich dir versichern!"

„Dann, meine Lieblingsfalterdame, lass uns einen näheren Blick darauf werfen, ja?"

Sie schlenderten durch den Gemüsegarten, auf den Komposthaufen zu. Doch schon beschleunigte Skeos seine Schritte und zog Amalie mit sich. Je näher sie dem Haufen kamen, desto unruhiger wurde der Pillendreher. Er drehte und wendete seinen kleinen dicken Körper wie eine Eidechse beim Häuten. Er schnüffelte in der Luft herum, auf dass ihm nur ja kein bisschen des scheußlichen Gestanks entgehe. Kaum konnte er sich mehr zurückhalten.

Schließlich riss er sich von seiner Begleiterin los.

Er stürmte vorwärts. Rollte sich dabei zusammen.

Federte mit seinen kurzen Beinen ab, schnellte hoch wie ein Gummiball.

Streckte die Arme vor wie ein Turmspringer.

Und landete mit einem seligen Jauchzen mitten im Kompost.

Die Freunde handelten blitzartig. Sie stürzten aus ihrem Versteck hervor. Willibald ergriff das eine Ende des Hängemattennetzes, die Kinder das andere. Schon flatterten der Faltervater

und seine Tochter hoch und Benedikt wurde von Steffi einfach mitgezogen. Amalie kam hinzu, und noch bevor Skeos merkte, wie ihm geschah, war das Netz über ihm zusammengezogen. Inmitten stinkenden Abfalls lag der Pillendreher. Ganz verdattert und mit großen Augen lugte er zwischen den Maschen des Netzes hervor.

„Geschafft!", schrie Steffi voller Freude. „Es hat geklappt!" Und gleich fing sie wieder zu dichten an:

> *„Der Schurke ist gefangen,*
> *jetzt wird er aufgehangen!*
> *Oder vielleicht doch nicht ganz so arg,*
> *obwohl ihn freilich keiner mag!*
> *Wir schmeißen ihn einfach in den Müll,*
> *dann ist's in unserm Garten endlich wieder stüll!"*

„Deine Reime, mein Kind, waren auch schon mal besser!", lachte Amalie.

„Ich kann nicht gut nachdenken", quietschte Steffi, „weil ich mich so freue!" Fröhlich schlenkerte sie mit ihren Armen.

Benedikt, der sich ja noch immer an ihr festhielt, wurde fast schwindelig.

„Und ob es in unserem Garten jemals still sein wird", fügte Willibald hinzu, „das bezweifle ich. Jedenfalls solange du hier lebst, mein Schatz!"

Aber auch er lachte. Er nahm Steffi unter seinen linken Flügel. Amalie legte über Benedikt ihren rechten. So schwebten sie in der Luft über dem Gemüsegarten. Das Netz hatten sie schon

wieder zu Boden gelassen. Skeos Skarabäus war darin fest ver-
schnürt. Er würde sich wohl mit seinem Umzug auf die städtische Müllhalde abfinden müssen.

Und Benedikt?

Der war stolz, dass sein Plan so erfolgreich gewesen war.
Und froh, dass ihn Amalie an sich drückte wie ein eigenes Kind.

So stolz und froh, dass sein Herz hüpfte, als wollte es ihm in
der Brust zerspringen.

Benedikt wachte schon um vier Uhr früh auf. Eine Zeitlang blieb er im Bett liegen. Er versuchte wieder einzuschlafen. Doch vergeblich. Bald hielt er es nicht mehr aus. Er war so neugierig, wie es seinen Freunden bei der nächtlichen Übersiedlung von Skeos und seiner Dungpille ergangen war. So zog er sich an und schlich aus seinem Zimmer. Er hatte keine Angst, seinen Papa aufzuwecken. Durch die geschlossene Schlafzimmertür hörte er Florian schnarchen wie einen Bären im Winterschlaf. Meistens wachte Florian erst auf, wenn Benedikt schon zur Schule gegangen war. Trotzdem bemühte dieser sich, keinen Lärm zu machen. Er wollte nichts riskieren.

Benedikt wärmte sich in der Mikrowelle eine Tasse Milch. Die trank er im Stehen. Dann schnallte er sich seine Skates an, hängte sich die Turnschuhe um und war schon aus dem Haus.

Der Morgen dämmerte bereits herauf. Aber außer dem Zwitschern der Vögel war alles still. Die kleine Stadt lag noch in tiefem Schlaf. Benedikt traf auf keinen Passanten, kein Auto fuhr auf der Straße. Er bog gerade in die Kastanienallee ein, da vernahm er über sich ein Rauschen.

Er hielt an und blickte nach oben. Was er vermutet hatte, stellte sich als richtig heraus. Es waren die Flügel seiner Freunde, die dieses Geräusch von starkem Wind verursacht hatten.

Benedikt winkte, aber Steffi hatte ihn ohnehin bereits entdeckt. In lustigen Schlangenlinien kam sie herangeflogen. Aber sie stoppte nicht. Im Flug packte sie Benedikt. Ein paar Meter weit hielt sie ihn in der Luft. Dann setzte sie ihn wieder auf der

Straße ab. Dabei versetzte sie ihm einen kräftigen Schubs. Benedikt sauste die Kastanienallee hinunter. Der Wind fuhr ihm in die Haare. Er war so schnell unterwegs wie noch nie zuvor. Er breitete die Arme aus und schloss für einen Moment die Augen. Fast war ihm, als wären auch ihm mit einemmal Flügel gewachsen. Als könnte er aus eigener Kraft fliegen.

Gerade noch schaffte er es, vor dem Tor zum Grundstück der Schmetterlingsmenschen zu bremsen.

„Das war stark!", strahlte er, als Steffi neben ihm aufsetzte.

Sie lachte ihn an. „Du bist aber früh auf!"

„Du ja auch!"

„Ich war gar nicht im Bett."

„Wart ihr die ganze Nacht unterwegs?"

„Wir kommen gerade erst heim", sagte Willibald.

Der Faltervater und seine Frau waren neben den Kindern gelandet.

„Es war ein ordentliches Stück Arbeit, Skeos zu übersiedeln", sagte Amalie.

„Und die Pille!", fügte Steffi hinzu.

„Wir mussten das Ding ja erst einmal ausgraben", erklärte Willibald. „Und dann alle drei gleichzeitig mit anfassen, um es zum Müllplatz zu bringen."

„Dort haben wir die Pille wieder eingegraben", sagte Steffi.

„Und dann noch den Skeos mitsamt dem halben Komposthaufen zur Müllhalde transportiert", sagte Willibald.

Benedikt sah von einem zum anderen. Er wollte kein Wort von ihrer Erzählung verpassen. Wie gern wäre er in dieser Nacht bei den Schmetterlingsmenschen gewesen! Er hätte seinen Papa fragen können, ob er bei seinen neuen Freunden übernachten dürfte. Florian hätte es ihm sicherlich erlaubt. Doch Benedikt konnte ja nicht fliegen. So wäre er Steffi und ihren Eltern keine rechte Hilfe gewesen. Er hätte sie nur aufgehalten.

„Wird Skeos von der Müllhalde nicht wieder abhaun?"

Amalie schüttelte den Kopf. „Das glaube ich nicht. Er bleibt sicherlich in der Nähe von Pille und Ei."

„Außerdem hat Onkel Theodor versprochen, ihn jede Nacht zu besuchen", sagte Steffi. „Er ist auch jetzt noch bei ihm. Gemeinsam haben sie sich auf die Suche nach dem Nachtwächter des Müllplatzes gemacht. Dem möchten sie einen frühmorgendlichen Gruselschreck einjagen!"

Willibald lachte. „Die beiden sind wirklich unverbesserlich!"

Amalie seufzte. „Das kannst du laut sagen, mein Lieber."

Da rief Steffi plötzlich: „Was ist denn das an unserem Tor?"

„Ein Plakat", stellte Benedikt fest.

„Ich bin vorhin ziemlich tief geflogen", sagte Willibald. „Da ist mir aufgefallen, dass solche Plakate in der ganzen Kastanienallee hängen."

Benedikt trat näher, auch die Falterfamilie streckte die Köpfe vor. Halblaut las Benedikt:

AUFRUF

AN ALLE BEWOHNERINNEN UND BEWOHNER
DER KASTANIENALLEE
UND DER ANGRENZENDEN STADTVIERTEL

SO KANN ES NICHT WEITERGEHEN!

WIR WERDEN VERSTUNKEN
UND KEINER TUT WAS DAGEGEN!
WOHER KOMMT DIESER GESTANK?
IST ER GIFTIG?
SCHÄDIGT ER UNSERE GESUNDHEIT?
ODER WILL UNS NUR JEMAND ÄRGERN?
WIR WOLLEN DARÜBER BERATEN
BEI EINER BÜRGERVERSAMMLUNG!

ZEIT: MITTWOCH UM HALB FÜNF
ORT: PLATZ VOR DER VOLKSSCHULE

BITTE ALLE KOMMEN!
WAS GENUG IST, IST GENUG!

„Ich denke, wir haben gerade noch rechtzeitig gehandelt", stellte Amalie fest.

Mit einem eleganten Sprung setzte sie über das Eisentor hinweg. Die anderen folgten ihr. Wie immer hatte Steffi Benedikt im Schlepptau. Langsam gingen die Freunde durch den Garten auf das Haus zu. Steffi machte sich dabei den Spaß, Benedikt auf seinen Skates zu ziehen.

„Mit der Zeit wäre sicherlich herausgekommen, dass der Gestank von unserem Grundstück ausgeht", sagte Willibald.

„Aber jetzt können wir aufatmen", sagte Amalie.

Ihr Mann lachte: „Im wahrsten Sinne des Wortes!"

Steffi schnüffelte in die Luft. „Ich finde", sagte sie, „es riecht schon gar nicht mehr so arg!"

„Der Morgenwind weht den Gestank fort", sagte Willibald.

„Er ist unser Verbündeter", stellte Benedikt fest.

Steffi streckte beide Arme nach oben und zischte wieder einmal in die Luft. Sie quietschte vor Freude. Das hörte sich wie eine ganz weit entfernte Sirene an.

Wie es so ihre Art war, schlug Amalie vor: „Und jetzt ein gutes Frühstück."

„Da haben wir nichts dagegen einzuwenden", sagte Willibald. „Damit Benedikt in der Schule nicht schlapp macht."

Benedikt gähnte. Auf einmal war er sehr müde.

„Bald gibt es das Zeugnis", sagte er. „Deshalb haben wir heute in der Schule eine Theateraufführung. Aber ich habe keine schwierige Rolle."

„Du spielst in einem Theaterstück?"

Das war Steffi. Sie machte in der Luft einen Kopfstand. Genau über Benedikts Kopf. Das sah aus, als wäre sie sein Spiegelbild in fantastischer Verkleidung.

Benedikt nickte. „Wir haben es selbst geschrieben."

„Vor Publikum?"

„Jeder, der will, kann zuschauen."

„Cool!", pfiff Steffi. „Nimmst du mich mit? Ich war noch nie in einer Schule!"

Erstaunt blickte Benedikt nach oben.

„Und auch noch nie bei einer Theateraufführung."

„Wirklich nicht?"

„Ob du's glaubst oder nicht!" Steffi gluckste. „Darum wäre

ich ja so gespannt, wie es dabei zugeht. Ich ziehe mich so an, dass keiner meine Flügel bemerkt. Du sagst einfach, ich bin deine Cousine." Sie grinste Benedikt ins Gesicht. „Oder deine Freundin ..." Und rasch versprach sie: „Ich werde keine Kunststücke machen und ganz brav sein. Großes Falterehrenwort!"

„Toll!", rief Benedikt. „Ich freue mich!"

„Das ist vielleicht auch eine gute Gelegenheit", sagte Willibald.

„Eine Gelegenheit?", fragte Amalie. „Wofür, mein Lieber?"

„Wir haben jetzt unser erstes Problem gelöst", erklärte der Faltervater. „Das mit Skeos und der Stinkpille. Jetzt kommt das zweite dran. Und das ist ..."

„Sascha", sagte Benedikt.

„Genau", pflichtete ihr Willibald bei. „Steffi und du, ihr könntet mal versuchen, mit dem Jungen zu reden. Wenn die Aufführung erfolgreich läuft, ist Sascha vielleicht gut aufgelegt."

„Der doch nicht!", widersprach Benedikt.

„Trotzdem", sagte Willibald mit Nachdruck in der Stimme. „Gebt euch Mühe. Ihr könnt ihm erklären, dass das mit dem Erschrecken nur ein schlechter Scherz war. Ladet ihn auf ein Eis oder ein Glas Cola ein. Möglicherweise klappt es."

Benedikt sah nicht gerade begeistert drein, nickte aber schließlich. „Versuchen können wir es ja ..."

„Und kein Fliegen!", warnte Willibald seine Tochter noch. „Das ist am helllichten Tag zu gefährlich!"

Um ein Haar

In dem Theaterstück, das in Benedikts Schule aufgeführt wurde, ging es um einen freundlichen Riesen namens Puck. Er hatte feuerrote Haare und wurde von einem Buben gespielt, der unter seinem Kostüm auf Stelzen ging. Deshalb hatte der Riese einen recht ungewöhnlich steifen Gang. So stakste er eines Tages durch den Wald. Da entdeckte er das Haus einer ekelhaften Hexe mit Warzennase und Krächzstimme. Das Haus bestand aus nichts als Schweizer Käse. Durch eines der Löcher im Dach konnte Puck den Backofen erspähen. Und ein Mädchen mit roter Baseballkappe. Das Mädchen war auf diese Kappe sehr stolz. Es hatte sie nämlich von einem berühmten Baseballspieler geschenkt bekommen. Es nahm sie deshalb nie ab. Es wusste selbst fast nicht mehr, wie es ohne Kappe aussah.

Jedenfalls gefiel das Mädchen Puck sehr. Die Hexe hatte es gefangen genommen. Sie ließ es von ihrem Haustier bewachen. Das war ein grauzotteliger Wolf. Die Hexe hatte den Plan gehabt, das Mädchen mit Unmengen von Schweizer Käse vollzustopfen. Damit es ordentlich Fleisch auf die Knochen bekam. Aber das Mädchen war nicht auf den Kopf gefallen. Es hatte den Käse nicht selbst gegessen. Es hatte ihn an den Wolf verfüttert. Dieser war dadurch fett und friedlich geworden. Er tat nur mehr so, als bewache er das Mädchen. In Wahrheit hatte er den Plan gefasst, das ganze Haus wegzufressen.

Das alles wusste der Riese freilich nicht. Er sah nur, dass das Mädchen sich offenbar in Lebensgefahr befand. So handelte er augenblicklich. Er zwängte einen Finger durch ein besonders

großes Schweizer Käseloch. Mit dem Finger stieß er die Hexe samt ihrem hängebäuchigen Wolf in den Backofen.

Mit einem Krachen fiel der Ofen um, die Hexe und der Wolf waren ja keine Fliegengewichte. Es kam zu einem Brand und das ganze Haus verwandelte sich in einen riesigen Schmelzkäseberg. Daraus rettete der Riese das Mädchen samt seiner roten Baseballkappe.

Es gab ein großes Hallo im Zuschauerraum, als es aus war mit der Ekelhexe. Der Applaus setzte ein und die Darstellerinnen und Darsteller verbeugten sich auf der Bühne.

Benedikt hatte sich gerade sein Baumkostüm ausgezogen, da kam Steffi hinter den Vorhang.

„Wie hat dir mein Blätterrauschen gefallen?", fragte er sie.

„Das hast du toll gemacht. Fast ein bisschen gruselig war deine Stimme dabei", antwortete Steffi. Dann fügte sie hinzu: „Ich war heute zwar zum ersten Mal im Theater. Aber irgendwie ist mir das Stück bekannt vorgekommen. Zumindest Teile davon. Aus Büchern vielleicht."

Benedikt ging darauf nicht ein. Er hatte nämlich gerade bemerkt, dass Sascha bereits auf dem Weg zum Ausgang war.

„Der haut ab!", zischte er Steffi zu. „Komm, wir müssen uns beeilen!"

Die beiden drängten sich durch die Schar der Kinder. Die meisten strebten dem Schultor zu. Einige Eltern waren auch dabei. Steffi fiel nicht auf. Das Faltermädchen trug Jeans und einen weiten Pulli. Ihre Haare waren frisiert und nicht ganz so strubbelig wie sonst. Als Benedikt in der Früh mit ihr in die Klasse gekommen war, waren so viele Eltern und Geschwister seiner Mitschülerinnen und Mitschüler dagewesen, dass niemand Steffi sonderlich beachtet hatte.

Ob sein Papa auch gekommen war, wusste Benedikt nicht. Er hatte Florian zwar von der Aufführung erzählt. Im Durcheinander der letzten Tage hatte er aber vergessen, mit ihm einen fixen Treffpunkt auszumachen. Nun dachte er, dass das sogar sein Gutes hatte. Vielleicht war es besser, wenn sein Papa und Steffi einander nicht trafen.

Trotzdem wäre Steffis Geheimnis um ein Haar aufgeflogen. Im Gedränge nach der Theateraufführung. Plötzlich spürte Benedikt nämlich, wie sich ihm eine Hand auf die Schulter legte.

Er fuhr herum.

„Papa!", rief Benedikt.

„Benedikt", sagte Florian.

„Du bist da?", fragte Benedikt.

„Das siehst du ja", sagte Florian lachend. „Oder sollte ich auf einmal abgenommen haben? Sosehr, dass ich unsichtbar geworden bin? Florian, der Strich in der Landschaft?"

Benedikt lächelte gezwungen. Indessen überlegte er fieberhaft, ob er Steffi seinem Papa vorstellen sollte. Oder so tun, als gehörte sie nicht zu ihm. Doch die Entscheidung wurde ihm abgenommen. Denn eines kam zum anderen.

Von hinten drängten die anderen Kinder. Es wurde auch gestoßen. Plötzlich kam eine ältere Frau ins Stolpern. Aus Versehen rempelte sie Benedikt den Knauf ihres Sonnenschirms in den Bauch. Benedikt klappte zusammen wie ein Taschenmesser. Er stolperte nun seinerseits ein paar Schritte zurück. Dabei stieß er gegen Steffi und diese zur Seite. Steffi wurde gegen eine der Garderobenwände gedrückt. Es gab ein Rascheln wie von einem Berg Geschenkspapier nach der Weihnachtsbescherung.

Und Steffis Flügel kamen unter ihrem Pulli hervor.

Eine Schrecksekunde lang stand Steffi vor aller Augen da. Mit aufgeklappten Flügeln und einem Ausdruck totaler Überraschung im Gesicht. Dann aber reagierte das Faltermädchen blitzartig. Bevor Benedikt etwas sagen konnte, waren die Flügel schon wieder unter dem Pulli verschwunden.

Benedikt hatte keine Ahnung, ob einem der Kinder oder Erwachsenen etwas aufgefallen war. Es herrschte ja immer noch heilloses Gedränge. Die meisten hatten nur den Ausgang im Auge.

Aber die ungläubige Miene seines Papas sagte alles. Benedikt lief es gleichzeitig heiß und kalt über den Rücken.

Denn ihm war klar, dass Florian die Sache mit den Flügeln mitgekriegt hatte.

Steffi rettete die Situation. Sie fuhr sich durch die Strubbelhaare und zupfte sich den Pulli zurecht.

„Zu dumm!", sagte sie mit gespielter Fröhlichkeit. „Ich hätte die Dinger doch gleich abschnallen sollen!"

„Abschnallen?", fragte Florian.

„Ja, was glaubst denn du, Papa?", rief Benedikt. „Hast du vielleicht gedacht, die Flügel sind *echt*?"

„Naja ..." Florian kratzte sich auf seiner Glatze und blickte recht zweifelnd drein. „Ausgesehen haben sie so."

„Aber Papa! Wie könnte ein Mädchen denn Flügel haben? Übrigens: Das ist meine Freundin Steffi."

Steffi deutete einen neckischen Knicks an.

„Sie hat in dem Stück mitgespielt!", fuhr Benedikt fort.

„Ich hab sie gar nicht auf der Bühne gesehen!"

„Sicher, weil du so weit hinten gesessen bist, Papa."

„Aber das bin ich doch gar nicht. Mein Platz war in der dritten Reihe!"

„Sie war der Falter oben links", unterbrach ihn Benedikt rasch. „Sie ist an einem unsichtbaren Seil gehangen. Toll, nicht?"

Und Steffi gab Florian artig die Hand. „Jetzt lerne ich endlich deinen Papa kennen, Benedikt!"

„Von Steffis Mama stammt das Honigkuchenrezept", lenkte Benedikt von den Flügeln ab.

Wenn es ums Essen ging, ließ sich Florian nur allzu gern ablenken. „Das Honigkuchenrezept?", rief er. „Ja sowas! Ein Gedicht, dieser Kuchen! Was meinst du: Ob mir deine Mama wohl das Rezept gibt?"

„Warum nicht?", sagte Steffi. „Ich werde sie fragen. Aber wir müssen jetzt los!" Sie wandte sich an Benedikt: „Ich muss nochmals kurz hinter die Bühe. Ich habe dort was vergessen. Wir treffen uns dann gleich vor der Schule, ja?"

Sie winkte Florian zu, drehte sich um und war schon in der Menge verschwunden.

„Ich muss auch ...", sagte Benedikt.

Doch Florian hielt ihn zurück.

„Du hast mir nicht die Wahrheit gesagt", meinte er.

Benedikt schoss das Blut ins Gesicht.

„Was meinst du?", fragte er. Hatten sie seinen Papa doch nicht täuschen können?

Aber Florian sprach gar nicht über die Flügel. „Du hast mir nicht gesagt, dass dein neuer Freund in Wirklichkeit eine *Freundin* ist!" Er zwinkerte seinem Sohn zu und grinste verschmitzt.

Florian schaute Benedikt erwartungsvoll an. Offenbar wartete er auf Einzelheiten über Steffi und ihre Familie. Benedikt jedoch blieb stumm wie ein Fisch.

Florian wartete noch ein paar Augenblicke auf eine Antwort. Schließlich gab er auf. „Na, dann lauf los!", sagte er. „Damen lässt man nicht warten. Auch nicht, wenn sie noch sehr jung sind!"

Benedikt war so erleichtert, dass er noch immer nichts Rechtes herausbrachte. „Ja, Papa ... Danke, Papa ... Tschüss, Papa", stammelte er. Dann machte auch er, dass er fortkam.

Zurück blieb Papa Florian. Lächelnd schüttelte er den Kopf.

„Wie doch die Zeit vergeht!", murmelte er nachdenklich zu sich selbst. „Gerade noch war mein Benedikt ein kleines Kind. Und jetzt hat er eine Freundin. Und kriegt rote Ohren und ist ganz verlegen wegen ihr ..."

Allmählich lichtete sich die Menge, und auch Florian trat den Heimweg an. Doch er hatte das Schulgebäude noch nicht verlassen, da dachte er schon nicht mehr an Benedikt und Steffi. Der Honigkuchen hatte sich wieder in sein Denken geschoben. Und dort blieb er. Nicht einmal durch eine Riesenportion Eis, die sich Florian kaufte, ließ er sich vertreiben.

Das Wolfskostüm

Vor der Schule sah sich Benedikt nach Steffi um. Da kam sie auch schon angeschnauft. In einer Hand trug sie einen knallroten, prall gefüllten Plastiksack.

„Was hast du denn da?", wollte Benedikt wissen.

Doch Steffi winkte ab. „Dort drüben ist der Sascha", sagte sie. „Schnell! Sonst entwischt er uns noch!"

„Du warst ja nicht da!", sagte Benedikt. „Stundenlang habe ich auf dich gewartet!"

„Jetzt übertreibst du aber!"

„Was hast du denn nur so lang getan?"

„Das erzähle ich dir später. Wir müssen uns doch beeilen!"

„Also los!"

Und wie zwei Detektive hefteten sich die beiden auf Saschas Spur. Sie rannten die Gasse entlang bis zur nächsten Ecke. Dort spähte Benedikt vorsichtig um die Hausmauer. Gerade noch sah er Saschas rotes T-Shirt in einer anderen Seitengasse verschwinden.

Wieder folgten sie ihm. Mit ihren Turnschuhen machten sie auf dem Pflaster keinen Lärm. Trotzdem warteten sie an jeder Ecke, damit sie Sascha nicht zu nahekamen. Sie wollten auf alle Fälle vermeiden, dass er sie entdeckte.

Nach einer Weile hatten sie die innere Stadt hinter sich gelassen. Sie waren in einer Siedlung von Einfamilienhäusern mit Gärten. Aber auch hier wohnte Sascha anscheinend nicht.

Bald wurde Benedikt und Steffi klar, dass Sascha gar nicht nach Hause unterwegs war. Am Kleingartenverein vorbei ging er und auf einem Feldweg zwischen zwei Äckern durch. Auf einem streckte sich der Weizen grün und gerade der Sonne entgegen, auf dem anderen reiften Maiskolben heran.

Am Ende des Feldweges stand eine ziemlich windschiefe Holzhütte. Auf der Wiese rundherum, dachte Benedikt, hätte sich Skeos Skarabäus wohl gefühlt. Über einem Haufen aus Abfällen surrten Fliegen. Ein Kleinlaster und ein zerbeulter VW-Käfer rosteten vor sich hin. Allerlei Gerümpel lag herum, darunter ein Stapel alter Autoreifen. Dahinter gingen Benedikt und Steffi in Deckung.

Sascha hatte die Hütte jetzt erreicht. Die Tür war nicht versperrt. Der Junge drückte sie auf und trat ein.

Es war ganz still. Benedikt verscheuchte ein paar Fliegen, die seinen Kopf umsummten.

Da flüsterte ihm Steffi zu: „Du hältst hier die Stellung!"

„Aber was ...?"

Steffi schnitt ihm mit einer raschen Geste das Wort ab. „Ich bin gleich wieder da!", raunte sie.

Dann ging alles sehr schnell. Steffi zog sich ihren Pulli über den Kopf. Darunter trug sie ein T-Shirt, das ihre Flügel nicht zurückhalten konnte. Die gelben Flügel fuhren auseinander und rissen Steffi in die Luft. So sprang das Faltermädchen zwischen den Reifen hervor. Flink wie ein Sonnenstrahl, der über eine Lichtung blitzt, zischte sie über den freien Platz vor der Hütte. In der Rechten hielt sie noch immer den Sack, den sie in der Schule angeschleppt hatte. Diesen legte sie vor die Tür der Hütte.

Und bevor es sich Benedikt versah, kauerte sie auch schon

wieder neben ihm, klappte die Flügel zusammen und zog sich den Pulli über.

„Das war's", strahlte sie.

„Was war's?", fragte Benedikt.

„Jetzt können wir nur noch abwarten", sagte Steffi.

„Was können wir abwarten?", fragte Benedikt.

„Du meine Güte!", lachte Steffi und kitzelte Benedikt am Kinn. „Sei doch nicht so neugierig!"

Doch sie mussten nicht lange warten. Denn in diesem Moment ging die Hüttentür auf. Sascha trat heraus. Er blickte sich um, als hätte er ein verdächtiges Geräusch gehört. Dann entdeckte er den roten Plastiksack. Er schaute nochmals nach links und rechts. Schließlich bückte er sich nach dem Sack. Er öffnete ihn und zog das Wolfsküstum hervor, das er bei der Theaterauf-führung in der Schule getragen hatte. Ein Zettel lag auch dabei.

Benedikt sah, dass Sascha den Zettel auseinander faltete. Dass er las, was darauf geschrieben stand. Dass sich Erstaunen auf seinem Gesicht breit machte. Und er nach kurzem Zögern wieder in der Hütte verschwand.

Da wandte sich Benedikt abermals an Steffi: „Sagst du mir jetzt bitte endlich, was das alles soll?"

Der Brief

Des Rätsels Lösung war ganz einfach. Steffi erzählte Benedikt auf dem Heimweg von Saschas Hütte. Während des Gesprächs mit Florian war dem Faltermädchen auf einmal eine Idee gekommen. Wie Steffi gesagt hatte, war sie hinter die Bühne gegangen. Dort war keiner mehr. Aber die Kostüme lagen noch herum. Steffi fand Saschas Wolfskostüm auf einem Sessel. Sie stopfte es in einen Plastiksack, der an der Sessellehne hing.

„Wozu das Ganze?", fragte Benedikt. „Und was war das für ein Zettel?"

„Checkst du das nicht? Das ist doch logo!"

Benedikt schüttelte den Kopf. „Für mich nicht."

„Nun gut. Ich hab dem Sascha einen Brief geschrieben. Das war der Zettel."

„Ein Brief? Was hast du ihm denn geschrieben?"

„Dass es uns leidtut, dass wir ihn in der Scheune so erschreckt haben. Aber dass wir uns einfach schrecklich über ihn geärgert haben. Weil er so gemein ist und immer Kleinere und Schwächere schlägert."

„Und was hat das mit dem Wolfskostüm zu tun?"

Steffi kicherte. „Ich habe ein bisschen geflunkert. Ich habe geschrieben, dass wir einfach ein paar Freunde sind, die sich gern gruselig verkleiden. Und dass wir dabei auch einige Tricks auf Lager haben. Vampirpuppen aus Stroh zum Beispiel, die an Seilen aufgehängt sind. Wenn wir sie schwingen lassen, schaut es fast aus, als ob sie fliegen würden."

Jetzt lachte auch Benedikt. „Eine tolle Idee! Das erklärt für ihn, was er damals in der Scheune gesehen hat."

„Und dann", fuhr Steffi fort, „habe ich noch geschrieben, dass mir der Sascha als Wolf im Theaterstück so gut gefallen hat. Und ob er nicht einmal bei uns mitspielen möchte. Als Werwolf."

Da änderte sich Benedikts Gesichtsausdruck schlagartig. „Der Sascha?", rief er entsetzt aus. „Mit dem kann man doch nicht spielen!"

Steffi machte eine ernste Miene. „Vielleicht doch", sagte sie. „Ich habe ihn heute beobachtet, den Sascha. Er schaut so traurig aus. Ich habe mir gedacht, dass er vielleicht nur deshalb andere Kinder verdrischt, weil er keine Freunde hat."

„Umgekehrt", widersprach ihr Benedikt. „Er hat keine Freunde, weil er andere Kinder verdrischt."

„Das", sagte Steffi, „werden wir ja sehen."

Steffi sollte Recht behalten. Schon am nächsten Morgen wartete Sascha vor der Klasse auf Benedikt.

„Ich will mit dir reden", begann der Junge. Er trat von einem Fuß auf den anderen und wand dabei den Hals.

„Reden?", fragte Benedikt vorsichtig.

„Nur reden", versprach Sascha.

In der Klasse herrschte hörbare Aufregung. Zum Schulschluss gab es ein Fußballturnier. Klarerweise wollte jede Klasse Meister werden. Mit großem Hallo wurde die Aufstellung der Mannschaft diskutiert. Aber weder Benedikt noch Sascha waren besonders gute Fußballer. So nahm kaum jemand Notiz von ihnen. Trotzdem wollte Sascha anscheinend allein mit Benedikt sein. Er ging den Gang entlang, Benedikt folgte ihm. Erst hinter einer Ecke blieb Sascha stehen.

„Also, was ist?", fragte Benedikt. Im Moment wirkte Sascha alles andere als angriffslustig. Dennoch hielt Benedikt einen Respektabstand zu ihm. „Was willst du denn mit mir reden?"

„War das ernst gemeint?", begann Sascha.

„Was?"

„Was mir deine Freundin geschrieben hat."

Benedikt sagte nichts, sondern zog nur die Brauen in die Höhe. Die Gelegenheit, Sascha noch ein paar Momente zappeln zu sehen, war einfach zu verlockend.

„Das mit dem Wolfskostüm und den gruseligen Spielen", fuhr Sascha zögernd fort. „Und dass ich da mitmachen könnte."

Benedikt sagte immer noch nichts. Da sprudelte es auf einmal aus Sascha heraus: „Wir könnten bei meiner Hütte spielen. Die habe ich selbst gebaut. Aus dem Haufen Bretter, der dort auf dem Platz herumgelegen ist." Fragend sah er Benedikt an.

Dieser grinste. „Die ist cool, deine Hütte", sagte er.

„Sie wäre toll für schaurige Spiele", sagte Sascha rasch. „Mit Kerzen und Fackeln könnten wir es dort voll gut gruseln lassen!"

„Meinst du das wirklich?", fragte Benedikt. „Könnten wir Frieden schließen?"

Die Erleichterung war Sascha anzusehen. Er lachte und streckte Benedikt die Hand hin.

„Friede", sagte er.

Ferien

So ging das Schuljahr zu Ende. Am nächsten Tag gab es Zeugnisse. Florian und Irmentraut warteten vor der Schule. Sie wollten den Ferienbeginn mit Benedikt in der Konditorei mit einem Riesenerdbeereisbecher feiern.

Sascha kam mit ihnen. Und im Laufe dieser Ferien wurden Benedikt und er zu echten Freunden.

Auch mit den Schmetterlingsmenschen, die ihre Flügel stets verdeckt hielten, freundete sich Sascha an. Steffi hatte Recht gehabt mit ihrer Vermutung, dass er nur deshalb so ekelhaft gewesen war, weil er keine Freunde hatte.

So waren sie meist zu dritt. Zusammen zogen sie durch die Felder und die Wälder, die die kleine Stadt umgaben. Da waren sie Forscher in einem bislang unentdeckten Land. Cowboys auf dem Weg in den Wilden Westen. Oder Raumfahrer, die soeben auf einem Planeten voller Gefahren gelandet waren.

Sie bauten sich ein Versteck inmitten eines Maisfelds. Dort verbrachten sie die lauen Sommerabende mit Taschenlampe und Geistergeschichten. Und wenn sie sich auf den Rücken legten und in den Himmel schauten, blinkte über ihnen der Abendstern.

An Regentagen durchstöberten sie Onkel Theodors Dachboden. Der Mottenmann gab ihnen Tipps für die unheimlichsten Verkleidungen.

Wie geplant veranstalteten sie auch ein abendliches Gruselfest in Saschas Hütte. Zufällig kam ein Spaziergänger vorbei. Dem fuhr der Schreck in die Glieder beim Treiben der Mumie, des Vampirs und des dicken Werwolfes, das er dort mitansah. Er machte sich aus dem Staub, so schnell er konnte.

Ab und zu zogen Benedikt und Steffi auch ohne Sascha los. Dann brauchte das Faltermädchen seine Flügel nicht zu verbergen. Die beiden veranstalteten Tauchwettbewerbe in einem kühlen Waldsee. Wenn Steffi aus dem Wasser kam und ihre Flügel ausschüttelte, gab es einen Tropfenschauer wie bei einem kleinen Sommergewitter.

Eines Tages wurde der Weizen geerntet. Das gab ein wildes Wettrennen über die Stoppelfelder. Wobei Steffi Benedikt voranzischte wie eine gelbe Mondrakete.

In der Woche darauf schlüpfte eine Raupe aus Skeos' Dungpille. Der Pillendreher war den Schmetterlingsmenschen nicht mehr böse, dass sie ihn auf die Müllhalde verfrachtet hatten. Stolz präsentierte er der Familie sein Raupenkind. Es hieß Karo und übersiedelte von der Müllhalde zurück in den Garten der Schmetterlingsmenschen. Mit dem Gestank war es ja nun vorbei. Karo stellte jeden Fressrekord in den Schatten. Den ganzen Tag waren Skeos Skarabäus und Onkel Theodor damit beschäftigt, Nachschub an saftigen Blättern heranzuschaffen.

„Ich bin fix und foxi wie noch nie in meinem Leben!", stöhnte Skeos jeden Abend.

Worauf Willibald stets antwortete: „Ausgezeichnet! Ein bisschen Arbeit tut auch dir ganz gut!"

Die Raupe Karo hatte ein recht seltsames Hobby. Ständig übte sie Kampfsportschläge mit Kopf und Hinterleib. In ihrem späteren Falterleben, erklärte sie einmal Benedikt, wollte sie Karatechampion werden. Und auf diesem Gebiet mindestens so berühmt wie ihre Mutter auf dem ihren. Wie du schon weißt, war diese ein Schmetterling, kein Käfer wie Karos Vater, und stammte aus Südfrankreich. Sie war eine gefeierte Sängerin. Du wirst erraten, in welchen Kostümen sie am liebsten auftrat. Richtig! In solchen, zu denen große, herrlich bunte Schmetterlingsflügel passten.

Bald darauf verpuppte sich Karo. Und als sich in den Sommer die erste Ahnung des Herbstes mischte, schlüpfte aus der Puppenhaut ein Falter mit Flügeln so weiß wie frisch gefallener Schnee. Aber rote Punkte und schwarze Ringe waren auch darauf und das war ein wunderschöner Anblick.

Inzwischen hatte sich Skeos an die Reisevorbereitungen gemacht. Sobald Karo geschlüpft war, ging es nach Süden. Zu Onkel Marcello Grille. Der lebte auf einem großen Landgut auf der Insel Sizilien. Dort würden sie Karos Mutter treffen. Sie würde sich von einer anstrengenden Konzertreise erholen. Gemeinsam würden sie im angenehmen Klima den Winter verbringen. Onkel Theodor versprach, sie bald zu besuchen. Mit schaurigem Gesang und funkelnagelneuen Plastikzähnen führte er zum Abschied der Verwandten eine selbstkomponierte Gruseloper auf, in der er sämtliche Rollen verkörperte.

Und Benedikts Papa? Der kam doch noch zu Amalies Honigkuchenrezept. Die Falterdame gab es ihm auf ihrem großen Gartenfest. An der Stelle des Sommerflieders, der aufgrund von Skeos' Stinkpille eingegangen war, hatte Amalie einen neuen Strauch gepflanzt. Der war unglaublich schnell gewachsen und stand nun in voller Blüte. In seinen Zweigen hingen Lampions wie kleine gelbe Vollmonde in der hereinbrechenden Nacht.

Eine weißgedeckte Tafel bog sich unter Köstlichkeiten. Der Honigkuchen war nur eine unter vielen. Zu trinken gab es leckersüßen Beerennektar.

Auch Irmentraut war an diesem Abend mit von der Partie. Die Schmetterlingsmenschen trugen weite Kleidungsstücke, ihre Flügel waren nicht zu sehen. Aber vielleicht würden sie ihr Geheimnis vor Benedikts Papa, Irmentraut und Sascha ohnehin nicht mehr lange verbergen. Willibald hatte da so eine Andeutung gemacht. Er wollte sie eines nicht so fernen Tages ins Vertrauen ziehen.

Für Musik war ebenfalls gesorgt auf diesem Fest. Amalie spielte auf einer Harfe, deren Seiten von chinesischen Seidenraupen gesponnen worden waren. Dazu sang Willibald mit einer Stimme wie das leise Windrauschen zwischen reifen Getreidehalmen. Die Faltermusik durchflutete den Garten der Villa wie eine sanfte Brise. Florian und Irmentraut tanzten unter den Lichtern der Lampions. Dabei schauten sie einander die ganze Zeit so tief in die Augen, dass Benedikt schon lachen musste.

Irgendwann während dieses Sommerfestes stand Benedikt ein wenig abseits. Er beobachtete seinen Papa und seine Freundinnen und Freunde. Wie gut sie sich verstanden! Und nach den Schwierigkeiten mit Skeos hatten sie auch die mit Sascha gelöst.

Benedikt dachte darüber nach, wie sehr sich sein Leben in den letzten Wochen verändert hatte. Er war auch am Schulschluss der Kleinste und Dünnste in seiner Klasse gewesen. Er würde es wohl auch zu Schulbeginn wieder sein.

Aber er hatte sich schon seit längerem nicht mehr den Kopf

darüber zerbrochen. Er machte sich keine Sorgen mehr über seine Größe. Und weil er sich keine Sorgen darüber machte, war sie auch kein Problem mehr für ihn.

Er war so froh in dieser Sommernacht. Er hatte Freunde gefunden, richtige Freunde. Das war wie ein schöner Traum. Wie einer, der Wirklichkeit geworden war.

ENDE

Kleine Falter- und Käferkunde

Das Tagpfauenauge

Dieser weitverbreitete Falter hat wunderschöne Flügel, die von einem kräftigen Rotbraun sind. Auf jedem Flügel kannst du einen großen blau, schwarz und gelb gesäumten Augenfleck sehen. Das Tagpfauenauge fliegt schon zeitig im Frühling bis zum Spätherbst. Such in der kalten Jahreszeit doch einmal geschützte Stellen wie Dachböden oder Gartenhäuschen ab. Vielleicht findest du ein Tagpfauenauge, das dort überwintert. Im Mai werden an der Unterseite von Brennesselblättern die Eier abgesetzt. Die Raupen sind schwarz mit vielen feinen weißen Punkten. Das erinnert an einen nächtlichen Himmel, in dem tausend helle Sterne glitzern. Wenn die Falter aus ihren Puppen schlüpfen, sind die Flügel anfangs noch ganz verknittert. Das Tagpfauenauge löst dieses Problem, indem es Blutflüssigkeit in die Flügel pumpt und sie dadurch streckt. Praktisch, findest du nicht auch?

Der Schwalbenschwanz

Dieser Falter hat seinen Namen von dem kurzen Schwänzchen an den Hinterflügeln, das an Schwalben erinnert. Gleich neben dem Schwänzchen befindet sich ein großer rotbrauner Augenfleck. Die Färbung der Flügel sieht aus wie ein Puzzlespiel aus gelben und schwarzen Teilen. Die kugelrunden Eier werden meist an Blütenstielen abgelegt. Die Raupe sieht lustig aus. Sie ist ziemlich dick und grün mit einem schwarzen Gürtel, in dem rote Punkte stehen. Bei Bedrohung kann sie dicht über dem Kopf zwei Zapfen ausstülpen. Diese werden Nackengabel genannt und sondern eine stark riechende Flüssigkeit ab. Der Schwalbenschwanz überwintert als grüne Gürtelpuppe an Pflanzenstängeln. Wenn der Garten ganz weiß vom frischgefallenen Schnee ist, sieht das besonders hübsch aus.

Der Zitronenfalter

Wenn im Sommer die Blumen in voller Blüte stehen, umflattern sie die vielen kleinen Zitronenfalter wie lustig tanzende Sonnenflecken. Die Farbe der Flügel dieses Schmetterlings ähneln einer Zitrone, die noch nicht ganz reif ist. Sie sind grünlich-gelb und wenn du ganz genau hinsiehst, kannst du in der Mitte einen kleinen orange-farbenen Fleck entdecken. Zitronenfalter sind weit verbreitet. Sie sind die einzigen Falter in Europa, die unter Laub am Boden überwintern. Sie schlüpfen im Juli, aber ab August beginnt schon ihre Winterruhe. Solche Faulpelze!

Die Kleidermotte

Sie ist nicht so bunt wie die meisten anderen Schmetterlinge. Ihre Flügel sind ockergelb bis eher grau, der Kopf ist rostrot. Die Motte fliegt vorwiegend in der Dämmerung. Sie versteckt bis zu 200 Eier zwischen Kleidern und Pelzen in unseren Schränken. Die elfenbeinfarbige Raupe frisst frisch und fröhlich lauter Löcher in die Kleidungsstücke. Und wenn der erste eiskalte Wind des Jahres um das Haus saust und braust, in dem du wohnst, und du deine Winterjacke aus dem Schrank nehmen willst, sieht sie aus wie Schweizer Käse. Kein Wunder, dass die Kleidermotte bei den Menschen nicht gerade beliebt ist.

Der Monarch

Er gehört zur Familie der Wanderfalter und kommt in weiten Gebieten der Erde vor. So lange wie er kann kein Schmetterling durchfliegen. Monarchen wurden gefangen, markiert und wieder freigelassen, um ihr Flugverhalten studieren zu können. Der längste bisher beobachtete Flug liegt bei knapp unter 300 km in 130 Tagen. Die Flügel des Monarchen sind orangefarben oder weißlich mit auffälligen dunklen Adern und Flecken. Doch es gibt einen anderen Grund, weshalb der Monarch von Räubern kaum verfolgt wird. Es sind seine unangenehmen oder sogar giftigen Körperflüssigkeiten. Das Gift stammt von den Futterpflanzen der Raupen.

Der Apollofalter

Er gehört zu den schönsten Alpenschmetterlingen. Die Grundfarbe seiner glasig-durchscheinenden Flügel ist weiß und erinnert an einen Schneefleck. Knallig rote Punkte mit schwarzen Ringen und weißen Flecken lassen ein farbenprächtiges Bild entstehen. Das aber gefällt nur uns Menschen. Für seine Feinde wirkt der Apollofalter ziemlich bedrohlich. Wenn er die Flügel blitzartig öffnet, erscheinen die Punkte plötzlich wie die drohenden, glutroten Augen eines kleinen Monsters. Der Apollofalter hat noch eine zweite Art sich zu verteidigen: Er strampelt mit den Beinen und reibt sie an den Flügelrändern. Dadurch entsteht ein zischendes, knisterndes Geräusch, das manchen seiner Feinde Angst einjagt. Auch die Raupen sind sehr wehrhaft und reagieren entschlossen auf Angriffe: Mit Kopf und Hinterleib schlagen sie so kräftig aus, dass sie kaum zu fassen sind.

Der Pillendreher

Er gehört zur Gruppe der Mistkäfer. Der kleine, schwarz glänzende Käfer kümmert sich auf eigenartige Weise um seine Nachkommenschaft. Er stellt für jedes Ei eine Brutpille aus Dung her. Diese wird entweder aus einer größeren Dungmenge herausgeschnitten oder aus mehreren kleineren Kotbällchen geknetet. Diese Pillen werden nach rückwärts weggewälzt, wobei der Käfer seine Vorderbeine am Boden und die beiden Hinterbeinpaare auf der Brutpille hat. In dieser Stellung läuft er rückwärts. Dabei strengt er sich ganz schön an. Denn die Pille wird bis zu 15 Meter weit gerollt und dann vergraben. Die Pillendreher der Gattung *Skarabaeus sacer* galten bei den alten Ägyptern als heilig. Sie waren für sie ein Sinnbild des Sonnengottes Ra, die Pille ein Symbol für die Sonne.

Hat dir die Geschichte über Benedikt

und seine Freunde gefallen?

Dann solltest du auch

Peter Horns zweites Kinderbuch lesen ...

Das Alien unter der Kappe

Eigentlich ist es eine ganz normale Familie, in der Benni lebt, mit seiner nervigen Schwester Lena, seiner musicalariensingender Mama und seinem Papa, einem Pinguinforscher. Doch als eines Tages Aloisius, ein kleines Alien mit Flügeln, unter Bennis Baseballkappe auftaucht, schlittern sie alle in ein Abenteuer, das sie zu einer fleischfressenden Riesenpflanze in den Dschungel von Sumatra, zu boxenden Kängurus nach Australien und sogar zu schießwütigen Pinguinen in die Antarktis führt und das keiner von ihnen so schnell vergessen wird ...

Peter Horn hat eine lustige und spannende Geschichte um Freundschaft und den Zusammenhalt einer Familie geschrieben, deren Mitglieder immer dann, wenn es drauf ankommt, füreinander da sind.

"Mit der unterhaltsamen Geschichte dürften nicht nur Kinder ihre Freude haben. So mancher Erwachsener könnte sich oder Mitglieder seiner Familie darin wiederfinden. Das Buch ist eine gelungene Mischung aus köstlich erzählten Alltagssituationen und spannenden Fantasie-Abenteuern. Hoffentlich gibt es keinen Streit, ob es Eltern oder Kinder zuerst lesen dürfen!" (NÖN)